# Escuchando a Dios desde las culturas indígenas

Universidad Bíblica Latinoamericana

Editorial SEBILA

Departamento de Publicaciones

Edición:

Ruth Mooney

Diagramación/Portada

Damaris Álvarez Siézar

ISBN: 978-9977-958-64-4

Universidad Bíblica Latinoamericana

Apdo 901-1000

San José, Costa Rica

Tel.: 2283-8848 / 2283-4498

Fax: 2283-6826

ubila@ice.co.cr

www.ubila.net

# Escuchando a Dios desde las culturas indígenas

*Antonio Otzoy*

# Contenido

PALABRAS DE UN INTERPOLADO 7
PREÁMBULO 9
INTRODUCCIÓN 15

CAPÍTULO UNO:
DESHOJANDO LOS CONOCIMIENTOS Y LAS CULTURAS 21

1. Desentrañar alternativas de lecturas
   de las culturas y conocimientos 37
2. Deshojar para la comprensión entre humanos-hermanos 46
   2.1 Riqueza cultural 54
   2.2 Diferencias y diversidad como problema y riqueza 58
   2.3 Conflictos 65
   2.4 Los determinismos angustiantes 74
3. Conclusión 83

CAPÍTULO DOS:
DESCUBRIENDO CONOCIMIENTO Y CULTURA 85

1. Conocimiento y cultura, esencial para la vida 87
   1.1 Descubrirse desde lo cotidiano 99
   1.2 Verse a sí mismos 112
2. Reconciliarse con su pasado, futuro y presente 118
   2.1 Respeto 124
   2.2 Valores culturales 127
3. Deshojar las realidades de nuevos conocimientos 131
4. Conclusión 135

CAPÍTULO TRES: VALORANDO LA ORALIDAD 137

1. Lenguajes propios y formas de comunicar 139
   1.1 Práctica cotidiana 148
   1.2 Convivencia entre razón y cotidianidad 156
2. Desafíos de la oralidad a la palabra escrita 162
   2.1 Encuentro entre conocimiento racional
       y conocimiento de diversos sentidos 169
   2.2 Valorizar la actualidad, la oralidad y escritura 175
3. Intercambio de conocimientos como ejercicio espiritual 183
   3.1 Buscar alternativas de aprendizaje-enseñanza 188
   3.2 Potenciar lo cotidiano 197

CONCLUSIONES 207
BIBLIOGRAFÍA 211
Fuentes de las imágenes 217

## Palabras de un interpelado

**P**ara mí es un honor que Antonio Otzoy me haya pedido un "prólogo" para éste su nuevo, denso y bello libro. Pero es un honor que va cargado de responsabilidad; pues aceptar escribir un prólogo para su libro significa adentrarse en el complejo mundo de experiencias y desafíos que nos trasmiten sus páginas; una tarea que no solamente requiere tiempo, mejor, dar tiempo al tiempo de la lectura de estas páginas, sino estar dispuesto a correr la "a-ventura" de una transformación interior, larga e incierta. Creo que cada lector o lectora lo notará al comenzar la lectura de este libro. Por mi parte, confieso que no dispongo en estos momentos de la serenidad necesaria para adentrarme en una tarea semejante y que, en vez de escribir un "prólogo" en el que se pudiera esbozar al menos tal tarea, me limitaré simplemente a decir unas palabras sobre la interpelación que he sentido al leer los análisis, las experiencias y las propuestas de Antonio Otzoy en este libro.

Me ha interpelado fundamentalmente la conexión esencial, original y auténtica, que se describe aquí entre conocimiento y espiritualidad. Conocer es una experiencia de espiritualidad, y no una técnica de combinación de factores.

Esta experiencia interpela profundamente en el mundo actual donde se tiende a reducir el conocimiento y el saber a instrumentos que "manejamos" para mejorar nuestro dominio sobre la naturaleza y los semejantes. Frente a esta forma de ver el conocimiento como una estrategia más del "hombre", las páginas de este libro interpelan con experiencias de un conocimiento que emerge desde lo espiritual y que comunica espiritualidad.

Por eso se nos muestra que lo esencial e importante no es dominar ni manejar ni manipular cosas sino participar en una aventura del espíritu, que es siempre más que cada uno de nosotros y que por eso nos lanza continuamente fuera de nosotros o de nuestros limitados mundos, es decir, que nos invita al diálogo y la comunicación.

Este llamado al diálogo y la comunicación, como ejercicio permanente de una vida que conoce en el espíritu y con espíritu, es la consecuencia concreta que se sigue de la interpelación fundamental a la que aquí me refiero y desde la que brotan estas breves palabras. Mas el lector notará también que justo en ese momento la interpelación se convierte en un desafío tanto personal como comunitario.

*Raúl Fornet-Betancourt*

## Preámbulo

A manera de testimonio, hacemos referencia a la experiencia espiritual, cultural y pedagógica que hemos disfrutado con la presencia de Antonio Otzoy en la Antigua Provincia de Finzenú, hoy territorio del Gran Resguardo Zenú de San Andrés de Sotavento. En los departamentos de Córdoba y Sucre en el Caribe colombiano.

En un convenio entre la Iglesia Metodista Colombiana (ICM) y la Universidad Bíblica Latinoamericana (UBL), de San José, Costa Rica, Antonio ha estado viniendo casi un mes anualmente desde el 2009 al Resguardo Zenú, para realizar jornadas pedagógicas y espirituales. En el 2012 realizó su cuarta visita, cuya experiencia me inspira para escribir esta interpretación que he denominado: "Metáforas para abrir trocha".

Generalmente, la comunicación entre Antonio y sus interlocutores se establece, cuando él llama la atención de los demás a través de cualquier objeto disponible al alcance de la vista, con el cual establece un símil con una noción abstraída. Le otorga a las palabras una carga figurada. Es una refinada técnica lingüística sorprendentemente sencilla con la cual Antonio logra darle un sentido figurado a las palabras. Se puede ilustrar con un árbol, una flor, un río, una montaña, el viento, un determinado animal, una piedra, en fin, cualquier objeto preferentemente visible del entorno cotidiano.

El método pedagógico en aula abierta, no necesariamente enunciado por Antonio, según he observado durante estos cuatro años aquí en el pueblo Zenú, tiene como objetivo, orientar el proceso formativo hacia quien tiene la última palabra que no es él mismo, sino sus interlocutores. Dicho de otra manera, el método consiste, no en que sea él quien defina, explique, describe, conceptualice, enuncie o concluya con una lección, moraleja o principio orientador, como se acostumbra en el estilo magistral de la tradicional escuela occidental. No, al contrario, Antonio se esmera con profundo respeto y delicadeza didáctica, para lograr que sea el mismo interlocutor, en este caso las comunidades indígenas, el sujeto y artífice en esta experiencia pedagógica. Si alguna lección queda, si algún conocimiento se adquiere, si algún aprendizaje se produce, gracias a la metáfora que ingeniosamente introduce Antonio, es siempre la misma comunidad, como grupo, que apelando a su propia sabiduría, experiencia y tradición ancestral, teje sus propias conclusiones, aplicaciones o principios vitales para sí mismos.

Por ello, a Antonio no se le escucha en sus diálogos metafóricos, ni antes ni después, referir frases que casi siempre acostumbramos cuando llegamos a un lugar ajeno, como: aquí falta esto, se podría hacer lo siguiente, ustedes necesitan esto o aquello; ni mucho menos decir algo así como: hoy vamos a aprender y les vamos a enseñar lo siguiente. ¡Jamás esto ocurre en las aulas abiertas con Antonio! Al contrario, él se ejercita en esta actitud pedagógica tratando de establecer que él no es el que sabe, ni el que enseña, ni el que dirige. La figura que más se acerca y describe la función docente de Antonio, podría ser la de un facilitador.

Si usamos la palabra "trocha" en una metáfora, nos tenemos que imaginar o abstraer un sitio donde no hay camino. En la jerga, generalmente campesina, abrir trocha es abrir paso entre la maleza para que sirva como atajo para caminar entre dos lugares. Quien abre una trocha es pionero en cruzar ese trecho. Además, podemos hablar de trochas imaginarias y trochas reales. Si decimos, por ejemplo, que haremos una trocha entre Aracataca y Macondo, Aracataca es un lugar Real (Municipio del Departamento del Magdalena, Col.), mientras Macondo es creación literaria de García Márquez. La trocha no será real sino imaginaria y aquí se recurre a la metáfora. Pero si decimos que hay que abrir una trocha entre La Isla (corregimiento en el Resguardo Zenú) y Pueblecito (Otro corregimiento Zenú), donde Antonio ha estado haciendo ejercicios pedagógicos, estos corregimientos no tienen caminos directos entre sí. Así que abrir una trocha entre estos dos corregimientos, es una obra que podría efectivamente ejecutarse. Aunque igualmente, abrir trocha entre estos dos puntos, puede utilizarse en forma figurada con fines pedagógicos.

La trocha de la que tanto nos habla Antonio se abre con metáforas. El se refiere a una trocha pedagógica, con la cual recurre a la memoria histórica del mismo pueblo Zenú, para encontrar en ese legado la razón y la sabiduría necesaria para construir un camino que les conduzca hacia el soñado y siempre esperado futuro de plenitud. El conocimiento que se construye con esta pedagogía, la sabiduría que de allí surge, los sentimientos que en este proceso se involucran, confluyen hacia un fin sublime: la dignificación, la justicia y la plena realización del pueblo llamado Zenú.

Sin duda, también afirmamos que la presencia de Antonio, durante estas visitas, nos permite constatar que ya hay hoy un largo trecho abierto, como una trocha, que nos permite relacionarnos como caminantes hacia un mismo destino, entre la Iglesia Metodista con el pueblo Zenú. De eso somos testigos, ciertamente hoy podemos transitar por esa trocha, la cual nos sirve como un sendero para caminar dentro, no solo de la geografía, sino también dentro de la cultura y espiritualidad del pueblo Zenú. Es decir, se ha logrado establecer unas relaciones humanas de mutuo reconocimiento que nos permiten trabajar para realizar objetivos comunes.

11

Pero trocha abierta requiere ser transitada constantemente para que se transforme en camino permanente. Si no se transita por ella, sino se le da seguimiento, la maleza volverá a crecer y no solo no llegará a ser camino, sino que esa trocha se borrará definitivamente. Las trochas necesitan uso, al menos para seguir siendo trochas. Por ello, se requiere ahondar las relaciones ya establecidas para seguir caminando juntos hacia ese futuro de esperanza.

El ejercicio pedagógico en aula abierta que realiza Antonio entre los diversos pueblos indígenas a lo largo y ancho de Abya Yala, tiene, además de la habilidad, el mérito de abrir trochas en terrenos inimaginables. Con admiración confirmamos que efectivamente con metáforas se abren trochas en terrenos escarpados, espinosos, pantanosos, movedizos y ocupados por avaros y atracadores. Las culturas indígenas de Abya Yala, desde la llegada del colonizador europeo, han sido constantemente avasalladas, acosadas, despojadas y demonizadas con fines de poder y lucro por el colonizador.

Por ello la pedagogía de Otzoy adquiere tanta resonancia entre los pueblos indígenas, porque contrarresta toda fuerza maligna de ocupación cultural, abriendo trochas de resistencia y visión de futuro, donde el artífice y sujeto transformador es el mismo pueblo indígena que se encarga de reconstruir su propia historia.

Estas trochas también son capaces de cruzar complicados escenarios sociales, políticos, económicos, religiosos, antropológicos y culturales. Esto es lo que llamamos magnitud, pues se trata de escenarios con desafíos, problemas, necesidades que sobrepasan por mucho las pedagogías de las escuelas tradicionales. La magnitud se nos sobre dimensiona cuando nos referimos a las expectativas, sueños, aspiraciones y deseos que comportan estos legendarios pueblos ancestrales.

Vamos cerrando este comentario con la siguiente pregunta: ¿Cómo incide, afecta o impacta este novedoso proceso pedagógico de Antonio Otzoy los modelos educativos de las facultades teológicas y pedagógicas, para no decir toda la escuela? O es que simplemente lo ensayamos como un asunto exógeno que no tiene implicaciones ni pedagógicas, ni didácticas para la construcción y función del conocimiento en estas facultades. Al menos, debiéramos, como escuela de estudio, observar con más cercanía e interés, lo que ya no es solo una anunciación teórica sino que es una pedagogía ensayada que es capaz de transformar entornos contextuales. En la experiencia pedagógica de Antonio Otzoy, se acumula una materia prima que sin duda debiera ser atendida sistemáticamente por la academia.

Finalmente, en la experiencia del Zenú que aquí hemos tomado como muestra, la trocha se abre mientras se retrotraen los más altos valores y sabiduría ancestrales de tales pueblos. Se abre trocha porque allá hay semillas para sembrar en los surcos preparados en esa tierra fértil. Son semillas de esperanza, semillas de justicia, semillas de equidad que estos hombres y mujeres siembran con sus propias manos, con su corazón y con su propia sabiduría. Esas semillas brotarán porque la tierra es fértil, el sol generoso, el agua copiosa y un pueblo ingenioso como laborioso.

Antonio, muchas gracias porque el esfuerzo ha valido la pena, abrirle trocha a la justicia, a la esperanza, a la dignidad humana entre estos pueblos, significa abrirle trocha a la vida. Pues como dice el Profeta de la justicia: "El efecto de la justicia será la paz; y la labor de la justicia, reposo y seguridad para siempre"(Is. 32:17).

*José Duque*
Medellín, noviembre del 2012

# Introducción

ste libro es un acercamiento a la fluidez del diálogo que se produce al compartir lo que el Espíritu hace en cada persona y en cada pueblo como sujetos. El conocimiento que se abre y se comunica desde la vida cotidiana se enriquece por la reciprocidad y el movimiento, fusión de la diversidad.

## 1. Objetivos

Con este estudio pretendo compartir la experiencia hilvanada en los diálogos de espiritualidades y de conocimientos con distintos pueblos. Procuro demostrar que, con una observación aguda sobre sí mismo y los demás, es posible analizar y desarrollar una relación de conocimientos y culturas de pueblos que interactúan en la vida cotidiana, sin posiciones de "sobre" o "contra".

Hay una parte que es importante ponerle mucha atención: las actitudes. Estas están en el imaginario íntimo, y modifican o afirman lo establecido en la experiencia cotidiana. Esto también tiene mucho que ver con el lenguaje escrito, hablado o gestual desarrollado en los cuentos.

Mi aproximación a la relación entre culturas y conocimientos pasa por el diálogo-comunicación, en el cual se producen los cruces y en los cuales se debe privilegiar lo positivo para favorecer la construcción de nuevos conocimientos y nueva configuración de pertinencia a la cultura.

Es necesario observar en la vida cotidiana, en las actitudes y en las palabras, los conocimientos de cada persona, fruto del bagaje gestado en su vivencia, para luego describirlos en los cuentos. Iniciar con una idea general sobre sí mismo facilita el diálogo, puente que une los conocimientos y potencia las cosmovisiones.

Este estudio se basa en el fortalecimiento de los conocimientos por medio del diálogo-comunicación entre pueblos y experiencias distintas adquiridas en los últimos cinco años. Analizo la problemática de las relaciones que anula la fuerza del diálogo-comunicación. En este sentido quiero reflejar las dificultades que he encontrado en los distintos grupos de estudio, representantes de diversos pueblos en América Latina. Es difícil encontrar respuestas adecuadas; no pretendo tener respuestas sino dejar claro el problema para ayudar a la discusión y mejorar el diálogo-comunicación y así, juntos, encontrar colectivamente alternativas.

Presentaré algunas sugerencias de tipo personal a partir de la práctica del diálogo-comunicación para encontrar algunos elementos que contribuyan positivamente a la construcción del conocimiento y fortaleza cultural. Razón por la cual es el deshojar cada cuento.

## 2. Método

La presentación general de este trabajo será de manera narrativa, como observador y protagonista del proceso de intercambio de conocimientos y portador de cultura. Partiré de deshojar los testimonios, del inicio, desarrollo y resultados de las actividades de intercambio de conocimientos y fortalecimiento cultural de las personas participantes, de manera sincrónica y diacrónica.

Los cuentos y los testimonios son los ejes principales y abarcan los distintos lenguajes y personajes que intervienen en el diálogo-comunicación.

## 3. Límites

La temática está basada en la razón y en la memoria ancestral, por tanto hay distintas perspectivas, pero sobre todo hay que tener presente que este intercambio está sujeto a las actitudes y lenguaje personales, que se afirman en los cuentos.

Están los textos escritos y en este caso la idea es también considerar que la experiencia, palabra y sentimiento de la persona es texto. Esta narración es vivencia compartida y articulada, y pretende demostrar las posibilidades de un diálogo-comunicación más fructífero. Además, estoy consciente de las dificultades en expresar por escrito lo que realmente configura el desarrollo del compartir y construir conocimiento. Esto es posible superar si se abre y se mantiene un diálogo permanente con intensidad y profundidad que permita superar esa dificultad. Para eso me permito presentar a manera de cuentos y deshoje de los mismos.

## 4. Presupuestos

Son varias las razones que me permiten presentar con interés este trabajo, sobre todo por la forma que escogí para desarrollar el intercambio de conocimiento y cultura. Es importante aclarar que los encuentros se han generado a través de espacios formativos universitarios, pero la mayoría son grupos de estudios de nivel básico, miembros de iglesias y comunidades con su tradición religiosa. Los lugares son: Perú, Venezuela, Colombia, México, Chile, Honduras, Nicaragua y por años en Guatemala, mi pueblo natal.

Esta lista de pueblos en los que he participado me ha servido para entrar en contacto con muchas personas y nos hemos inspirado en el deseo de enriquecer nuestro conocimiento. En muchas situaciones hemos iniciado con la desvalorización de lo nuestro, luego nos damos cuenta que lo nuestro es importante y que al final se hace necesaria la liberación, para abandonar los prejuicios sobre nosotros mismos y del otro. Aquí pretendo facilitar el contacto con los conocimientos ancestrales, sin ofrecer respuestas o soluciones para problemas ingentes. Busco aportar una reflexión que vuelva su mirada hacia uno mismo, para comprender que tiene las capacidades para buscar vías posibles y auténticamente propias. Lo conocido y dominante es la razón "cartesiana"; considero que ésta y la ancestral son envolturas en las que se guardan los conocimientos. El desenvolverlos y compartir sin los prejuicios de uno superior y otro inferior es uno de los desafíos que debemos enfrentar.

## 5. Contenido

Este estudio está dividido en tres partes. La primera presenta un modo de desentrañar alternativas de lectura de las culturas, conocimientos, conflictos y experiencias, así como los determinismos angustiantes, la diversidad como problema y riqueza. Facilitará la descripción del otro, de los valores propios y de nuevos conocimientos. La segunda parte analiza el conocimiento y la cultura como sustancias de la vida que emergen de lo cotidiano. Es indispensable verse a sí mismos, reconciliarse con su pasado, futuro y presente con respeto y aprecio a los valores, y analizar las realidades que orientan a nuevos conocimientos. La tercera parte trata la importancia de tener un lenguaje propio y formas de comunicar entre pueblos sus prácticas y formas de vivir y convivir en un mundo en el que domina la razón cartesiana. Entra a considerar los desafíos de la oralidad a la palabra escrita, el conocimiento racional y el conocimiento que pasa por distintos sentidos. Es de valorizar la actualidad de la comunicación oral y la escrita no como antagónicos sino diversos.

El intercambio de conocimiento es un ejercicio espiritual, que busca alternativas para el aprendizaje-enseñanza que potencia lo cotidiano.

# UNO
## Deshojando[1] los conocimientos[2] y las culturas

eshojar es una actividad del campo que se hace al levantar la cosecha. La analogía con la relación entre humanos es la necesidad de deshojar o despojarse de aquellas situaciones, condiciones o actitudes que se anteponen como barreras. La idea central de usar esta metáfora es para indicar que es imperativo despojarnos o deshacernos de ideas preconcebidas[3] que limitan el acercamiento con el otro o

---

1 Deshojar es una práctica campesina, cuando se levanta la cosecha de maíz. Es una actividad que se hace con las manos.

2 "Los fenomenólogos hablan sobre todo de la intencionalidad de la conciencia. 1. Conocer, para Santo Tomás... es algo mucho más íntimo y más profundo. Conocer es *devenir;*...conocer consiste, pues, en devenir inmaterialmente el otro en tanto que otro... *Conocer* es penetrar el *ser* hasta coincidir interiormente con él por el pensamiento y ver fundada en él la serie múltiple de todas sus a*pariencias...* " Paul Foulquié, Coordinador. *Diccionario del lenguaje filosófico.* Colaboración de Raymond Saint-Jean. Barcelona: Labor, 1967, 184-185.

3 "Nosotros hemos heredado de Grecia la idea del conocimiento, pero no hemos heredado, por lo menos lo suficiente, integridad, esa creencia en el ser, en la *natura rerum* que la respalda, y de aquí la constante inseguridad

viceversa. Es de suma importancia comprender que lo mejor inicia en sí misma como persona. Esto la hace capaz de conciliar sus ideas y formas de vida con las demás personas. No es fácil, es complejo, pasa por muchos de nuestros sentidos y llega a la comprensión de sí misma y de la otra. Es una tarea por realizar para hacer el intento de una aproximación a la puesta en común de los conocimientos[4], sobre todo con el de mayor diferencia. En América Latina los conocimientos diferentes son de los pueblos indígenas.

Iniciamos este ensayo presentando el acto de deshojar como una manera de desentrañarnos a nosotros mismos, para abrirnos a las posibilidades de re-conocer los distintos conocimientos en que estamos inmersos. No se puede apreciar ni aún descubrir los conocimientos del otro, sin pasar por el descubrimiento del valor del conocimiento que ofrecemos a los demás.[5] Este conocimiento no es absoluto; considerarlo de esa manera nos mantendríamos en una posición autoritaria y anularía toda posibilidad de una aproximación. Deshojar se hace en muchas áreas de la vida y es una experiencia cotidiana

---

que ha padecido en Occidente la ocupación del conocer." Ibíd., 186.

4 "Para un espíritu científico, todo conocimiento es la respuesta a una pregunta. Si no hay pregunta, no puede haber conocimiento científico. Nada es porque sí. Nada es dado; todo es construido... Hay que decir (...), con todo rigor, que el conocimiento es indefinible. Querer "conocer el conocimiento" es tratar de ver la propia mirada. Para saber lo que es la visión hay que mirar los objetos y después flexionar; no cerrar los ojos." Ibíd., 185-186.

5 "Ninguna exploración científica se efectúa a partir de un cero de conocimientos, estado en el que el sabio estaría en disposición de recibir informaciones perfectamente depuradas, y dispondría de métodos perfectamente seguros. Una exploración científica sólo se puede efectuarse a partir de una cierta situación de conocimiento, situación en que el sabio dispone de un cierto saber previo y un cierto lenguaje preconstituido." Foulquié.

en los pueblos indígenas. Para Ricoeur, en la tarea de hacer filosofía también es importante deshojar.[6]

En este capítulo, por la importancia del deshojar, lo estableceremos como una actividad y actitud permanente que problematiza el encuentro[7] con otra manera de pensar, actuar y comunicarse. De esto nos ocuparemos y propongo al lector esta imagen del deshojarse, que permita pasar por la imaginación del proceso de conocerse[8] y acercarse al conocimiento[9] distinto.

Para lograr lo anterior, trataremos en la medida posible presentar cuentos[10] correspondientes, que nos ubiquen en las realidades que son mundos diferentes. Al ubicarnos en nuestro mundo y ubicar al otro en su mundo, nos enfrentaremos a la diferencia; de esa manera experimentaremos la riqueza que produce el encuentro con lo ajeno al mundo nuestro.

---

6 Paul Ricoeur. *Caminos del reconocimiento*. Traducción de Agustín Neira. Madrid: Trotta, 2005, 15. ¿Seremos los primeros en deshojar así los léxicos?

7 El concepto *encuentro* puede parecer desvalorizado por las definiciones en que se trata de ocultar una realidad que no produce precisamente el encuentro. Por eso encontramos aclaraciones como este: "El enfoque de estas obras quiere ir más allá de todo concepto de "descubrimiento" o de "encuentro de dos mundos", para reivindicar (sic) los valores de culturas que han sido marginadas, pero siguen vigentes y en busca de un espacio de libertad y autoexpresión". Blas Nabel Pérez, *Las culturas que encontró Colón*, Colección Abya-yala, No. 52. Cayambe, Ecuador, 1992.

8 "*Conocerse*. Hacerse una idea exacta de lo que uno es, principalmente del propio ser moral, de las propias capacidades intelectuales y morales, del propio temperamento y carácter. No nos conocemos a nosotros mismos, y de ahí viene el que nos cueste tanto trabajo humillarnos, de ahí viene también el que no sólo no nos conozcamos, sino que no queramos conocernos." Foulquié, 185.

9 "El conocimiento es a la vez distancia y fusión. Por todas partes nos encontramos con tales uniones de antítesis..." Ibíd., 186.

10 Todos los cuentos están creados y recreados para ubicar en el contexto en que se cuentan. Han sido elaborados para este documento. La idea es llevar al lector a la realidad o realidades que cada cuento revela.

El encuentro con lo diferente ha sido y sigue siendo un problema. Es imperativo hacer un esfuerzo en intercambiar el mundo de conocimiento que cada pueblo tiene, con todas sus implicaciones problemáticas. Como su nombre nos indica, nos deshojamos para situarnos en la senda de la aproximación con el otro pueblo, con la otra persona y a su conocimiento.

Partiremos de cuentos cortos, recurso de uso poco frecuente en trabajos de índole académico. Esta presentación del tema con este recurso es con la intención de situarnos en nuestro espacio y acercarnos al espacio de los demás. Es una necesidad cultivar la actitud de diálogo y conciliación de conocimientos con una disposición voluntaria. Esto producirá una nueva comprensión de sí mismos y llevará a la confrontación con las realidades propias que no permiten el diálogo constructivo. Es fundamental establecer los puntos de contacto con las otras realidades. Son maneras propias de cada pueblo. Ahora es importante poner en común lo que enriquece la experiencia de vida de la persona. Se juntan sus palabras para comprender que hay una realidad que es para todos los pueblos: vivir la vida en armonía.

La razón del deshojarnos es vernos como humanos, no extraños, pero sí, diferentes. Nuestros cuentos nos ayudarán a considerar este problema permanente de la falta de comprendernos y darnos a comprender. Pocas posibilidades hay de aproximaciones sin la comprensión de nosotros mismos y de los otros. Los cuentos nos ayudarán para explicarnos y ubicarnos en los contextos. En algunos aspectos nos servirán para aclarar situaciones, en otros para reflexionar detenidamente sobre actitudes.

Con los cuentos queremos lograr deshojar acciones y actitudes, superar las negativas y enriquecer las positivas. El uso de este modelo facilita el inicio de una auto- descripción y al mismo tiempo, lograremos hacer una nueva descripción del otro.[11] Es una aproximación para situarnos en una descripción de las otras concepciones, sabiendo que ese otro también nos describe desde su propia mirada, sus concepciones de su propia cultura y su experiencia de interrelaciones históricas. El deshojarse es importante porque es confrontarse con el otro humano, vivo, dinámico, con sus miradas a la vida y a la construcción de nuevas relaciones y nuevos conocimientos. Al deshojar, nos daremos cuenta de la riqueza de los conocimientos que han estado cerca y nos han acompañado sin percibirlos. En muchas áreas de la vida se ha dado mayor importancia a los problemas y nos hemos acostumbrado a atribuir todo lo malo y perverso a los demás. Deshojar es el encuentro con las riquezas y pobrezas culturales. Las riquezas y pobrezas culturales nos han mantenido en conflictos permanentes, porque no sólo es el otro y su manera de estar en el mundo lo que nos confronta sino nuestras propias maneras de ser y estar en este mundo. En muchos casos se hace uso irracional de los determinismos para definir límites con el otro. Las angustiantes actitudes afloran cuando los límites se vuelven barreras impenetrables para la comprensión del diferente. Esta insuficiencia de hecho anula valores y nuevos conocimientos.

Para deshojar es importante realizarlo de manera rítmica, es decir, hoja por hoja. No es quitar y tirar sino quitar para dialogar, comprender y aprender. No es una descripción racional densa, que podría llegar a la irracionalidad, sino el aprendizaje con una intención última, que engloba a otros. Esto exige una nueva actitud y nuevas relaciones porque se hace comprensible que la hoja por sí misma es capaz de describirse sin palabras. Es decir, los conocimientos lo son

---

11 Vale la pena pensar en lo que Hernán María Fiori dice en la presentación del libro de Freire, *Pedagogía del oprimido*: "Él no es cosa que se rescata sino sujeto que se debe autoconfigurar responsablemente." Freire, Paulo. *Pedagogía del oprimido*, Vigésimo quinta edición. México: Siglo XXI, 1980.

en sí mismos y para la riqueza humana. Aclaramos que deshojar atraviesa todas nuestras concepciones, para volver a aprender de ellas. Esta es nuestra confrontación inmediata. No podemos pretender que somos humanos acabados o completos, ni como hombre ni como mujer. El deshojarse es volver a recapitular la necesidad de hacerse otra vez mujer humana, otra vez hombre humano.[12]

Empecemos a deshojar, quitamos la primera hoja con este cuento.

### DOS PERSONAS, DOS PUNTOS DE VISTA

Un paseante con la tecnología avanzada a su disposición, vio una vez a un campesino de un lugar pobre. Deshojaba su maíz; lo hacía con las manos, hoja por hoja, y para el observador-paseante le era desesperante. El campesino, una y otra vez, repetía la misma operación. Con los primeros maíces deshojados, los besaba, levantaba sus brazos al cielo y musitaba algunas palabras. Luego fue mucho más ligero en su afanosa tarea. Intrigado el paseante, al ver que con la mano era inútil avanzar, preguntó a aquel campesino:

"¿Qué haces? Tanto tiempo pierdes para deshojar una mazorca (maíz). El día pasa y así no terminas rápido en levantar la cosecha".

---

12 Laurette Séjourné, *Antiguas culturas precolombinas*. La Habana: Editorial de Ciencias Sociales, 1974, 71-72. Aquí es de observar cómo la relación revelada por Sepúlveda se mantiene. Ha pasado mucho tiempo desde que se dijo, pero el modelo se mantiene. Las relaciones en muchos ámbitos de la vida se nota que se dan entre desiguales. Séjourné hace una descripción en este sentido. "Puesto que se trata de una disputa siempre viva y de unos argumentos que todavía son empleados para justificar la explotación insensata en América Latina, veamos como combate Sepúlveda a Las Casas, en el libro que pretende poner fin a las resistencias, demostrando con sus juicios 'las justas causas de la guerra contra los indios'."

"¿No lo ves?" contestó el campesino. "Debajo de todas las hojas me encuentro con la sorpresa de la abundancia que el Corazón del Cielo, de la Tierra y de la Vida ha depositado. Si no disfruto deshojando, tampoco disfruto de la cosecha".

"¿Y cómo se te ocurre hacer eso?" volvió a preguntar de nuevo el paseante. "¿No ves que así vas a tardar muchísimo tiempo?" El campesino, después de reflexionar dijo:

"¿Y qué prisa tiene el maíz en salir de su cómodo envuelto para compartir conmigo la vida?"

## Deshojando el cuento

Es poco usual o hasta poco riguroso comenzar este capítulo con un cuento, pero es la manera como los pueblos se hacen comunicar. Es parte de la forma sencilla pero rigurosa de hacer pensar y analizar la realidad al que nos enfrentamos. En la aproximación al conocimiento del otro, no se puede dar por hecho que es débil o inferior. La imagen que los ancianos ponen en los cuentos siempre es la contradicción: una manera y otra son contrapuestos; una idea con otra es diferente; una acción con otra es distinta. El cuento como manera de diálogo es el diálogo existencial, justamente lo que aquí trataremos de abordar.

Este cuento debemos considerarlo como la primera hoja que hemos sacado y que tenemos entre manos. Al analizarlo encontramos que uno de los componentes del cuento es lo lejano entre los personajes. A la vez se hace notar la 29 diferencia de cómo realizar las actividades cotidianas. Para uno está presente la importancia del tiempo que se traduce en economía. Para el campesino es importante el sentimiento de disfrutar y cosechar. Encontramos realidades, no meramente opuestas, sino que se contraponen cuando se trata de meter en una realidad distinta, la realidad local. Esta es una perspectiva, que puede indicar buenas intenciones, pero a la vez presenta tensiones. La lejanía es un elemento importante para entender el eje central de la diferencia. A la vez, el entendimiento debe ser una compenetración honda y éstas se traducen en concepciones. Estas concepciones serán más valiosas en la medida que se encarnan en la misma experiencia humana. No es imaginada sino que involucra. Entendemos que el concepto de cada uno respecto al tiempo —economía por parte de uno y el disfrute y cosecha de otro— son experiencias, a partir de las manos que se han hundido en el barro de la vida cotidiana.

Otro aspecto que tenemos presente es la organización de las ideas a partir de la experiencia y el conocimiento. No es superficial, ni del paseante ni del campesino; cada uno está ubicado. Cada uno ofrece su conocimiento al otro y, de la misma manera, cada uno recibe. Es justo lo que nos confronta, porque en la realidad siempre hay manera de acercarse al otro sin decir las intenciones, o se dice las que no son. Es decir, el cuento nos enfrenta a nuestra realidad. En la realidad de las relaciones hay dos opciones: imponer al otro lo que consideramos lo apropiado para su situación, sin más, o abrirnos al diálogo y ser capaz de decir y escuchar, responder y ser respondido. El aprendizaje junto al otro es de valorar y ser valorado; aprender y compartir desde la comprensión de otro.

En la primera parte del cuento, está presente la tentadora actitud de corregir, de aclarar al otro y demostrarle que puede hacerlo de manera diferente y mejor. La otra persona no tiene el trasfondo de todo lo que implica nuestra concepción. Eso es real, pero con el diálogo concreto y claro, aflora la manera del por qué se vive de esa forma. Estamos seguros en que es necesaria la aproximación con el saber diferente, de pueblos diferentes, bajo el entendido en que no llevamos respuestas, o que las respuestas que llevamos no siempre son las únicas y ni debemos presumir que sean las más acertadas.

Respecto a la intriga del paseante, es común una actitud que se mezcla con la buena voluntad. En este caso la intención es buena, es correcta, no tiene nada extraordinario si lo vemos de lejos. Al acercarnos junto a los dos personajes nos damos cuenta de la diferencia, la diversidad de estar en el mundo. Cada uno revela la realidad en que se encuentra. Un aspecto que llama la atención de la actitud del campesino es que su sentimiento revela la intervención de Dios y que el deshojar y cosechar son actividades que están bajo la luz de la fe.

Para el campesino la fe se hace tocar, es bendición y abundancia. Esto hace que cosechar es un acto de alegría y le da un nuevo sentido a la vida. Un concepto que está implícito es la esperanza desde preparar la tierra hasta levantar la cosecha. Los puntos de vista están siempre presentes y es de tener en cuenta que el compartir supera la diferencia en los puntos de vista y los seres humanos se fraternizan.

Nos queda hacernos las preguntas siguientes: ¿Hasta qué momento comprenderemos que todo conocimiento se sitúa en una realidad, articulado y desarrollado por sujetos concretos? ¿Qué esperamos para colaborar y participar en la elaboración de un nuevo conocimiento a partir de las que cada uno tiene? O, ¿qué signos esperamos encontrar para considerar que todo ser humano sin importar condiciones tiene capacidades para articular y rearticular sus conocimientos? Por otra parte, ¿qué esperamos para confiar en el otro que su conocimiento tiene raíces en su cultura? Creo que hay que preguntarnos con absoluta confianza, ¿qué esperamos para recibir las preguntas y respuestas de los otros pueblos, sin negatividad sino afirmativamente? La crítica más severa que nos confronta de frente es:

¿hasta cuándo trataremos al diferente como niño o menor de edad que necesita una madrastra o padrastro insolente?

Definitivamente la primera hoja es más áspera. Ha soportado lluvia durante el invierno, el rocío de las noches, los calurosos rayos de sol. Algunas veces se ha pensado y actuado en que mejor no quitar la hoja áspera, pero no se podrá ver o palpar la bendición del Creador, como dice el campesino.

Si quitamos la primera hoja estamos dispuestos a responder con claridad las demandas o exigencias de vernos y ver lo que irrumpirá ante nosotros. Aquí puede radicar la fuerza para mantener la utopía de una nueva humanidad: todos humanos y todos sujetos, con sus responsabilidades y con respeto, con sus aportes, posibilidades y debilidades. Es necesario hacer realidad la unidad e hilvanar o abrirnos al cauce de la vida, que con su oleada señala el compromiso de cada uno en discurso y práctica.

¿Qué pasó con esa primera hoja en América Latina? Es de suponer que este análisis es el resultado de una larga y compleja gestación. Es importante considerar que históricamente, este continente fue considerado como el nuevo continente, América Latina. Estos distintos nombres nos indican que fue concebido como el otro, el que no puede nombrarse a sí mismo, solo puede ser nombrado. Esta idea del otro nos ha acompañado y en muchas circunstancias ha provocado desastres. Ese otro "es sojuzgado, explotado y dominado," pero también ha mostrado "resistencia y rebelión."[13]

32

En nuestra experiencia, a partir de los cursos "Diálogo entre espiritualidades y cristiana" realizados con distintos pueblos

---

13 Eugene Mogol, *El concepto del otro en la liberación latinoamericana.* Bogotá: Desde Abajo y San José: DEI, 2004, 17.

indígenas en América Latina, hemos recabado el sentimiento de dolor y esperanza. Esta reflexión es fruto de ese deshojar iniciado desde 2004. Su importancia está en la aproximación de escucha a los conocimientos distintos. Es real que los pueblos indígenas son diferentes, pero no amenazas. Es importante buscar la manera de comprender y comprenderse junto al otro para aproximación humana. Es de reconocer que cuando es asunto indígena tiene su propia crítica, su crisis, por la experiencia en ser pueblo o persona "postergada por las iniquidades políticas."[14] La comprensión y claridad es responsabilidad mutua, una mutualidad de aproximaciones, que refleja la realidad de desafíos, contrastes, diferencias y divergencias. A mi manera de ver, se puede darse esta aproximación con la práctica permanente del "deshojar". Es una actividad que ilustra el proceso de aproximación al otro y hacia el interior. Es de estar atento que en la medida que vamos deshojando, también vamos encontrando maneras de desentrañar nuestra propia cultura. En la medida que profundizamos nuestra comprensión en nuestra cultura, nos sumergimos en la otra cultura. Este es el proceso que nos lleva a perfilar las distintas alternativas de lecturas del conocimiento y de la cultura con la cual nos relacionamos.

Los pueblos originarios han experimentado, como la primera hoja del maíz, el maltrato. Pero no debemos quedarnos con esa imagen porque no se puede reducir una realidad compleja e inconclusa a una parte y olvidar el todo. Una consideración que debemos tomar en cuenta es que en la práctica se han dado aproximaciones, pero desde las categorías. Es una manera y tiene su comodidad, sin dejar de pensar que es un punto de vista. Sin embargo, en muchos casos ha estado

---

14 "Utopía y praxis Latinoamericana", *Revista Internacional de Filosofía Iberoamericana y teoría social.* Ceaño 15, No.48 (Enero-marzo 2010). Facultad de Ciencias Económicas y Sociales, Universidad de Zulia, Venezuela.

ausente la parte importante, la persona. Este es un peligro, porque deja espacio a que tomen fuerzas los prejuicios que nosotros tenemos contra nosotros mismos y los proyectamos sobre los demás. Esta es la razón del por qué es importante el considerarnos a nosotros mismos y al otro como sujetos.

A simple vista es evidente la complejidad de las situaciones y circunstancias que ha pasado la primera hoja del maíz. De la misma manera los sujetos-pueblos son complejos, por lo tanto las culturas son complejas. La complejidad cultural es una riqueza. Esto nos indica que a los sujetos y las culturas no será fácil someterlos a codificaciones o esquemas que aisladamente se les imponga. No hay que dejar de pensar que también estas codificaciones son solo aproximaciones que pueden estar más próximas o más alejadas de la realidad cultural y del sujeto. El deshojar considero que si permite un acercamiento mutuo, siempre y cuando también estemos dispuestos a considerar en qué nos dejemos ser deshojados por el otro.

Esta manera de deshojar consideramos que es una forma de aproximación. Para ello es estar claro qué se hace con la persona, junto con su quehacer social, cultural, religioso, político y económico. Es desde su palabra, desde su sentir, pensar y hacer que asistimos a la revelación voluntaria de su propia forma de ser. Aquí encontramos la diversidad. Si la carga de los prejuicios es más, nos será un problema, pero si nos dejamos llevar por la espontaneidad de comprender, vamos por el camino de la aproximación. Entonces la diversidad será una riqueza y ambos nos enriqueceremos.

### Deshojar la segunda hoja

Deshojar la segunda hoja es el momento de quitar otra hoja más para acercarnos a lo que el campesino nos indicó como bendición del Creador. La acción de deshojar la segunda hoja es acercarnos un poco más a ese conocimiento que nos permite desarrollarnos mutuamente. En este caso tenemos la necesidad de encontrar la senda que nos permita acercarnos al camino de la mutualidad. Para ello se hace importante escuchar el siguiente consejo:

*Así dice Yahvé; Paraos en los caminos y mirad, y preguntad por las sendas antiguos, cuál es el camino bueno, y andad por él, y encontraréis sosiego para vuestras almas. Jeremías 6: 16. BJ*[15]

Se puede parar en los caminos y armar discusiones interminables, cada sector o parte con sus elucubraciones banales. Esta práctica, que se ha establecido y se sigue, es un peligro por superar: quedarse con el primer paso de hablar y hablar, sin dar otro paso, sin ponerse en movimiento. El contexto en que escribe Jeremías en mucho se parece al nuestro, según describe Ficher[16] en su comentario a Jeremías. Ese contexto nos ubica en nuestro contexto.[17] Vamos por

---

15 Biblia de Jerusalén. Edición española, Dirección: José Ángel Urrieta López. Bilbao: Desclée de Brouwer, 1998.

16 Georg Ficher, *Guía espiritual del Antiguo Testamento, el libro de Jeremías.* Dirigido por Gianfranco Ravasi. Barcelona: Herder, 1996.

17 Es de interés común preguntarnos por la senda que llevamos, y hay una serie de semejanzas con el contexto de Jeremías. Nuestros países en América Latina están destruidos; en las ciudades, aunque modernas y luminosas, no se puede ignorar la destrucción. Hay violencia, y muchas personas perecen violentamente. En este mismo contexto vivía Jeremías. Los millares de deportados al destierro significaba el fin. Esto mismo vivimos hoy. Son millares de familias que abandonan sus hogares por presiones de las industrias transnacionales que explotan los recursos naturales. En nombre del progreso y de la democracia se han dado las guerras que han causado destierro. Para las familias es el fin, porque tienen poco, pero es todo y volver a ese todo, que se ha hecho por años, es difícil. Los distintos pueblos luchan para mantenerse como pueblo. La defensa de la tierra también es una defensa de su conocimiento. Otro hecho similar con el tiempo de Jeremías es el problema del abandono de Dios, el olvido que la vida de todo ser humano es de Dios. El conocimiento proviene de Dios. Jeremías dice

rumbos diferentes, contradictorios, donde las intenciones son buenas y las acciones conducen a la pobreza del espíritu. Es importante preguntar por la senda de vida y del conocimiento, la cual es una contribución importante. Donde las situaciones están en contra, se requiere de un proceso de volver a una vida más humana y acercarse al conocimiento del otro.

El salto más aproximativo es preguntarnos a nosotros mismos, por nuestra razón de ser y estar, para luego preguntar al otro. Estas preguntas deben ser las más pertinentes, las adecuadas para nosotros, como pruebas para hacer partícipes a otros a preguntarse. La pregunta es directa, sin exclusividad ni privilegios. No es posible mantener la idea o actitud paternalista o mostrar una buena voluntad, lo cual es abonar las barreras existentes y agregar otras. Es inaudito aceptar el cambio superficial de posiciones únicamente, que a lo malo, ahora decir que es bueno. Las aseveraciones que privilegia al otro como inicio de aproximación al conocimiento es un error, con efectos irreparables. Para congraciarse etiquetar que lo bueno ahora es malo no es ninguna vía. Es importante no caer en esta superficialidad que aumenta la intensidad de las preguntas imperativas: parad, mirad y preguntad. Lo bueno y lo malo producen una lucha intensa interna y externa. Son dos principios: para ilustrar decimos que son dos flechas que van por vía contraria, que no se encontrarán en ningún

---

que los humanos han abandonado a su Dios (1,16; 2,13;...). Cuando hay abandono de Dios, el trato entre los pueblos se da con engaños, mentiras, las promesas de mejoras a cambio de los recursos o de sus conocimientos. Todo eso se constituye en vano, falso, engañoso (en hebreo, *shekel*). No es difícil encontrar las relaciones entre los pueblos con comportamiento mentiroso, lo cual se da en todas las áreas incluso en la fe misma que se pone al servicio de los ídolos de nuestros tiempos; esto afecta la conducta social, la política. El conocimiento debe ser un intercambio y de encuentro de las personas con su Creador mismo. Para eso se debe ser justo y en la aproximación a los conocimientos es de superar todas estas situaciones. Para la aproximación de conocimiento es importante la convivencia.

punto. La ruina puede ser aun mayor que la contradicción o luchas que se quiere superar. No se debe perder de vista que el eje central es el productor de los conocimientos y los conocimientos son secundarios. Desentrañar el ser y estar del sujeto es una nueva lectura cultural y social para avanzar en la comprensión de su conocimiento.

## 1. Desentrañar alternativas de lecturas de las culturas y conocimientos

### Deshojar la tercera hoja

Al quitar esta hoja nos damos cuenta que nos encontramos ante pueblos con sus propias contradicciones y propuestas, con conocimientos distintos, ante lenguaje diferente y sus propias formas de preguntarse por la existencia y relaciones con el mundo circundante. Tomamos como ejemplo a los mayas con sus preguntas que nos ayudarán a considerar otra manera de preguntar. Tiene un carácter existencial, sobre su vivir y el camino que habían recorrido y al que llegaron. En el caso de Jeremías llama la atención al pueblo a hacer el alto correspondiente para acercarse a la realidad abandonada. Los mayas también se preguntaron sobre su existencia histórica y su relación con Dios, tomado del Pop Vuj[18].

> *"¡Ay! ¡Oh! Abandonamos nuestra lengua. ¿Cómo hicimos? Nos hemos perdido. ¿En dónde nos engañamos? Único era nuestro lenguaje cuando vinimos de Lugar de la Abundancia; única nuestra manera de sostener [el culto], nuestra manera de vivir. No está bien lo que hicimos", repitieron todas las tribus, bajo los árboles, bajo los bejucos.*

37

---

18 *Pop Vuj*, 34. Cortesía de Nueva Acrópolis www.nueva-acropolis.es

Los mayas se preguntaron sobre el cómo, no solo metodológicamente, sino la actitud, la sorpresa de haber hecho algo que rompió con la unidad. La exclamación introduce la pregunta desde el momento en que se dieron cuenta, y retroceden a considerar el camino recorrido en el pasado con las circunstancias y situaciones que les han fragmentado. Podemos interpretar que es una sorpresa de que nadie se haya dado cuenta de una acción que a todas luces no es adecuada. También, es una llamada de atención del por qué nadie se haya dado cuenta. Esto hace suponer en que no es posible aislar a alguno si la pregunta es verdaderamente por la razón, la que expresa la totalidad constituida por los presentes y los ausentes, sea por el pasado o el futuro.

El acercamiento entre pueblos, entre individuos y sobre todo la aproximación al conocimiento del otro pasa por la pregunta existencial presente y pertinente, del "cómo" fuimos capaces de ignorarnos, de estar conscientes que lo actuado no es lo correcto. Sea por ignorancia, por egoísmo, por racismo, por lo que sea, el resultado revela realidades que no se pueden ocultar y se debe descubrir las raíces de estas manifestaciones concretas. Lo importante no es sólo el cómo se hizo sino el por qué se hizo. Establecer con claridad que si hay capacidad de incurrir en el error, hay capacidad para superarlo con el conocimiento de las causas y de los efectos. Esto hace que la reflexión lleve a estar atento para no correr el riesgo de volver a caer en las mismas situaciones. Es interesante para nuestra comprensión que la aproximación al conocimiento del otro pasa por la pregunta de la capacidad de hacer el mal, de provocar lo malo. El reconocimiento del problema es por el conocimiento del otro, el interés y la importancia como humano cercano.

En efecto, la ausencia de un miembro es pérdida de suma importancia. Nadie se pierde sino por el engaño, pero, sin importar quién haya engañado a quién, lo importante es el perjuicio causado. Mientras el tiempo pasa, la nostalgia por el otro va en aumento. Es un alto necesario, porque quien se pregunta por el otro, también se pregunta por sí mismo. Quien se acerca al otro, también está más cerca de sí mismo. Esta es la abundancia. La aproximación al otro y su conocimiento es abundancia. Para los mayas la abundancia también tiene que ver con el culto al Creador y a la vida, que es una manera de vivir. Esto ha hecho mantenerse la cultura hasta hoy día.

Nadie más puede decir lo que se ha hecho sin involucrarse. Si no estamos dispuestos a aceptar la parte de la responsabilidad que nos corresponde, esa es la mayor pérdida. La preocupación final es seria. Es exigente, de honda preocupación que lo realizado tenga un valor contrario a la convivencia en comunidad, a la unidad, al acercamiento con el otro.

En nuestro contexto es de reflexionar que estamos en una etapa en que el olvido del otro no nos parece un daño. Las situaciones y condiciones deplorables de otros, para algunos pocos les preocupa, pero una mayoría convive con esta realidad con cierta normalidad. Ahora asistimos al momento de pensar que no está lejos de nosotros, nos afecta. No, no es posible avanzar hacia el encuentro con el otro si no nos hemos preguntado qué es lo que queremos, o si no es parte de nuestro proyecto de vida el volver a la abundancia, al culto a la vida que es el culto a Dios y hacer de ese culto, la fraternidad en la convivencia.

En esta parte quiero ligarlo a la experiencia del trabajo del Programa Indígena de la Universidad Bíblica Latinoamericana. Años atrás, se preguntó por lo que se ha hecho y el cambio que fue necesario hacer para recuperar el estado que conduce a la abundancia. Es decir, el sentarse junto a los pueblos: Zenú en Colombia; Misquito y Mayangna en Nicaragua; Wayuu en Zulia, Venezuela; Guarayo, Chiquitano, Ayoreo y Guaraní en Bolivia, Quechua en Perú y Kichua en Ecuador, Maya: Tzeltal, Tzotzil, Cho'ol en México y Guatemala con Kiche, Mam, Kaqchikel. El aprendizaje es mutuo, la aproximación es mutua. Sin embargo, no se puede obviar el riesgo a enfrentarse a las contradicciones que están profundizadas y buscar juntos superarlas. Son problemas concretos, por lo tanto su tratamiento debe ser específico. Es de suponer que las bases, por el hecho de dejar de lado los prejuicios, crea un acercamiento donde no queda en la ilusión de buscar sistemas coherentes y discursos hilvanados sin el sustento de la práctica y sin los sujetos concretos.

El escucharse posibilita que aflore una inmensa cantidad de valores en todas las órdenes de la vida. Son nutrientes que se acercan, se diversifican y se posicionan en la práctica de las personas que participan. Las distintas teorías sobre los pueblos, sus prácticas y sus tradiciones tomarían una nueva dimensión. Los mismos pueblos disfrutarían de su intelectualidad, como un hábito que se ejerce indistintamente del lugar y de la persona. Para eso es importante la ayuda mutua, que procura una perspectiva distinta a la intelectualidad que se ha instalado y que ha desdibujado el ser humano. La importancia debe basarse en el intercambio, en las aproximaciones que generan la colectividad. Es de considerar que se hace imperativa la actitud de las conexiones entre lo metafísico y lo existencial, entre lo imaginario y la realidad, entre las razones, primarias y secundarias, entre lo primero y lo segundo.

Esto no es posible si no se considera la importancia de preguntarse, sea por las sendas o por acciones que han provocado mayor pérdida. Pararse en este caminar con una actitud de ceguera y sordera es contrario a lo trascendental y existencial, sea de forma individual o institucional. No se puede estar en un continente con muchos pueblos indígenas y mantener condicionamientos formativos que lleven al desencuentro de los distintos conocimientos.

El pararse en el camino es el inicio de un proceso que conduce a los valores de la vida. Permite retomar el sentido de humanidad profunda que contribuye a responder las demandas sociales y culturales actuales. No es pertinente el mantener el proceso de occidentalización, como dice Andrade[19]. Hace falta revisar los espacios que se han desaprovechado y la situación de división y el principio de subordinación del otro. Esto es lo que hace desaparecer componentes culturales propios de los pueblos, porque sin estos dispositivos que le son intrínsecos se vulneran.

Es importante hacernos preguntas pertinentes desde nuestras situaciones actuales, de nosotros mismos y del otro. Esto indica la importancia de preguntar del otro y dejarnos a que el otro nos interrogue. Este es el cambio radical, porque necesitamos revisar las verdades que tenemos y las anteponemos, de manera que no nos permiten interrogar. Nuestros puntos de vista se han constituido en nuestras trincheras de donde no salimos. No podemos mantener el modelo actual de llenar los vacíos del otro sin el más mínimo indicio de diálogo. Usar las realidades pasadas como sustento de concepciones de superior o inferior, por los resultados, es fatal. Los vacíos de entendimiento del otro son profundos y para rellenarlos se hace necesaria la labor de escuchar y de comprenderse uno mismo y a los demás.

Los abandonos y olvidos han profundizado la exclusión y autoexclusión, que luego se traducen en confrontación con lo diferente. No es con actitudes maniqueas que se puedan superar estas situaciones. El uso indiscriminado de la tolerancia que conduce a ignorar al otro o a sí mismo, en el fondo puede ser mayormente grosero. De alguna manera se imponen los

---

19 Susana Andrade, *Protestantismo indígena. Procesos de conversión religiosa en la provincia de Chimborazo, Ecuador.* Quito: FLACSO, ABYA-YALA, 2004, 17.

aspectos irreconciliables entre sí, por lo tanto los conflictos se agudizan. La historia de la humanidad ha sido más de olvido, de exclusión del otro, una desvalorización o relatividad de los otros conocimientos. El volver a la inclusión, a fomentar la vida comunitaria, revela lo que mantiene el silencio o la no escucha de los intereses de los demás. En este sentido los zenues dicen: *"Pensábamos que lo nuestro ya no tiene valor, porque nadie se siente con nosotros para dialogar y compartir".*[20]

Este es el presente y el sentimiento vivo de la marginación y el olvido es real, aunque no pasa por las estadísticas oficiales. El ciudadano no se ve representado en el universo de las actividades, preocupaciones o programas de gobiernos locales. No hay una práctica de solidaridad generalizada sino de grupos pequeños y hasta aislados. Los temas en discusión no son las que atienden las necesidades del ser humano. Si no se considera la importancia del ser humano, los esfuerzos se dispersan. En el contexto actual, los debates son sobre el agua, lo cual indica que hay conciencia de una parte del problema, pero la otra parte es el ser humano. El ser y estar en este mundo del ser humano se traduce como secundario por su ausencia, es decir que el problema real del agua es de todos los seres humanos.

Los Yáneshas[21] revelan un hecho que se debe considerar porque muestra una manera de entendimiento y conocimiento que es propio y por el otro: la distinción del otro en la experiencia propia:

20 Nota personal, Comunidad la Isla, Sampues, Colombia. Mayo 2010. Evaluación que hace el grupo que participó en el Taller "Auto-reconocimiento: diálogo entre espiritualidades".

21 Nota personal del curso realizado en la Comunidad Amistad, en la Selva de Perú, en julio 2010. En este curso de "Auto-conocimiento del Pueblo Yánesha," hemos aprendido la necesidad de la cercanía con el otro. Los participantes en este curso son ancianas de 80 años y niños de 10 años. julio, 2010.

*"De lejos no vemos completo a un ser humano, vemos la cabeza como un círculo, conforme nos acercamos notamos sus ojos, sus orejas, su nariz, boca, color, cabellos y muchas otras características".*

La percepción sobre el otro parte de esta manera, incompleta. Es importante tomar en serio la necesidad de ubicarse en la experiencia del otro, para que la figura se complete. El hecho de considerar que estar en el mundo es convivir con fraternidad permite superar el acto de egoísmo. El olvido del otro no acepta la interrelación con otros seres humanos ni con la misma naturaleza, que no sea por una cuestión de producto. Este tipo de personas en nada se hacen responsables, ni tratan de comprender[22] a sus conciudadanos como humanos, sino como números y componente útil de uso a conveniencia. Es obvio que no reconocen su finitud, que es la razón del por qué actúan irracional, y ven solo figuras fragmentadas del ser humano, como nos indican los yaneshas que viven en la selva de Perú.

La comprensión del ser humano ha sido una de las discusiones antiguas. Por tener un carácter indeterminado[23], toda pregunta sobre él no puede darse por concluida, si no es por el dominio al que se somete el entendimiento sobre el otro humano.

Para el entendimiento del ser humano es importante la participación concreta y real, un saber que se hace en el intercambio, parte de la experiencia y se ajusta a la realidad. Este es un hecho que se ha discutido largamente desde Heidegger, mencionado por Buber.[24]

43

---

22 Martín Buber, *¿Qué es el hombre?* México: Fondo de Cultura Económica, 1994, 13.

23 Buber, 14.

24 Buber, 15.

Es de reconocer que el interés en nuestros contextos latinoamericanos, y sobre todo con los pueblos indígenas, es el dominio sobre el ser humano y su entorno. Para legitimar este dominio se han legitimado los resultados de los esquemas codificadores, elementos arbitrariamente impuestos que se han colocado como la medida. Esta medida necesariamente discrimina y legitima a unos con privilegios de ser "superiores".

En esta etapa de dominio del entorno, la naturaleza se ha encargado de demostrar la fragilidad humana. De tiempo en tiempo la naturaleza se ha expresado, pero pronto pasa al olvido. Es oportuno decir que desde nuestra fragilidad debemos considerar que las divergencias, los conflictos sobre la comprensión de los otros pueblos, se superan con la participación. Esta participación debe conducir a la experiencia del saber del otro. Quien participa, sabe el sentido de la relación, de la comunicación directa con individuos y con pueblos. En cada pueblo hay miembros de distintas edades con sus particularidades. Si la aproximación no pasa por la experiencia, tampoco podrá tener una aproximación. Si se diera, no cabe duda que no llegue a profundizarse, porque carece de referente inmediato, que se dé en la interrelación. El mantenimiento de oposición es desde las categorías interpretativas del otro, pero en ausencia del mismo, sólo se tiene imaginariamente al otro.

El encuentro con el conocimiento del otro es un aprendizaje por el verdadero sentido de la vida, que se desarrolla localmente. Esto deja de lado la idea de considerar al ser humano como una planta o un trozo más en la naturaleza.[25] Si se mantiene la práctica que el otro se posee sólo, se le busca utilidad donde unos se contentan y los otros son condenados a la miseria.

---

25 Buber, 19.

Los que no sufren la miseria les parece que la esclavitud es la maldición a los que están condenados por no ser parte del pueblo "honorable". Es la división entre los condenados, que siempre son el otro, y los honorables, que por lo regular son los que tienen la influencia o el poder.

Es indiscutible el valor del diálogo, la comprensión y la práctica de interrelación socio-cultural, para superar las anteriores formas de compartir la vida. La aproximación es necesaria e importante para la construcción de una humanidad fraterna. La influencia o el poder hacen aparecer los conflictos. La mayoría de los conflictos los llevamos dentro. El quedarse en el estado conflictivo se afinca en la idea de que toda expresión de conocimiento, si no es el nuestro, el mío, no es coherente y sí es estático. Esto es un indicador que hay un molde en que dejan caer los conocimientos; si no es moldeable no es aceptado. Sólo si se hace al molde no presenta conflicto. El conflicto aparece siempre porque las aproximaciones producen conflictividad, pero, al ser tratado de manera conjunta y con la comprensión puesta en común, se superará.

Es indiscutible el valor del diálogo que lleva a una comprensión mutua en el cual las relaciones y construcción de conocimientos se hacen dinámicos. Los determinismos son angustiantes, sobre todo si se enmarcan en el poder y control. Estos han echado raíces profundas. Es la razón del porqué nos remitimos, sea consciente o inconscientemente, a la idea de Hegel y su famosa tesis del Prefacio a la Filosofía del Derecho: "Todo lo que es real es racional, todo lo que es racional es real". Esta manera de comprender no permite el desarrollo de nuevos conocimientos junto con el otro, ni potencia la formación en la vida y sus valores.

45

## 2. Deshojar para la comprensión entre humanos-hermanos

El diálogo entre humanos - hermanos es primario. Alrededor de este diálogo se aglutinan las diferencias, los sueños, las angustias y las experiencias. El diálogo es el espacio para compartir, pero se debe evitar saturar al otro, con ideas y conocimientos ajenos, porque se corre el riesgo en que el otro sea ocultado como humano y hermano. Las diferencias se comprenderán mejor con su riqueza si nos escuchamos. A continuación un cuento que permita el desarrollo de la comprensión entre humanos y hermanos y que orienta nuestro análisis.

### APRENDER SIN DEJARSE APRENDER

En una ocasión, un hombre de gran conocimiento llegó a una comunidad y preguntó por el sabio de ese pueblo. Había escuchado de él y quería aprender de ese viejo y sabio. En efecto aquel hombre era considerado sabio, pero hablaba poco y reflexionaba mucho tiempo antes de decir algunas palabras. Aquel hombre, al llegar a la casa del anciano, lo saludó cortésmente e inmediatamente dijo, "He venido de lejos para que usted me comparta su sabiduría. Quiero ser su discípulo." El anciano, reflexivo, ni musitó, y el silencio se fue prolongando.

Esto hizo pensar al visitante que era pérdida de tiempo, al no obtener respuesta alguna. Siguió hablando de su país, de sus estudios, de sus trabajos y el invertir tiempo en hacer algo diferente en tiempos de sus vacaciones. Largo rato después, tuvo el anciano el momento para darle la bienvenida. Hizo una pausa, y aquel extraño volvió a hablar de otros temas que le eran familiares.

En un momento, el anciano le dijo, "Es hora de comer; comamos algo." Aquel hombre de gran conocimiento agradeció y aceptó la invitación, y aprovechó para hablar de las clases de comida que conocía, lo que había comido y lo que pensaba que no comería en el futuro. El anciano le puso el plato enfrente y comenzó a servirle. Se llenó el plato y seguía echando más comida. Se cayó la comida sobre la mesa, pero seguía echando.

Molesto, aquel hombre le dijo: "Sabio, ¿no te das cuenta que el plato ya está lleno? ¿No te parece que estás desperdiciando la comida?" El sabio levantó su vista, se quedó mirando a los ojos de aquel extraño y dijo, "Eso has hecho conmigo. Estás lleno de orgullo de lo que sabes y hablas de tus cosas que te gustan; crees que tienes tantos conocimientos. Hablas y hablas tanto y sin motivo alguno. ¿No crees que desperdicies tanto? ¿Cómo quieres que yo te enseñe algo?"

## Deshojando el cuento

El hecho de aproximarse al otro es deshojar y desentrañar lo que es la persona en su propia cultura. Es un acto que exige un propósito concreto, el de conocer y conocerse. Las personas, al encontrarse, implican todo lo que son, dicen, hacen, sienten, piensan. Cada persona procede de una cultura con tradición histórica y cada día agrega lo que recoge en cada momento de su existencia. Sin lugar a dudas, ambos personajes de nuestro cuento nos concretizan y expresan posiciones y teorías que diametralmente podrían verse como opuestas. Aproximarse a otro conocimiento sobre el desarrollo de la vida, es enfrentarse a los enigmas de la persona creadora de ese conocimiento acumulado, que parte de su experiencia y realidad humanas. Son dos mundos construidos de maneras diferentes, con sus entornos y en función de ellos. Podemos percibir los intentos de compartir, con frecuencia cargados de importante dosis

47

de beligerancia y de intereses. Cada uno describe, interpreta y organiza las interrogantes, que plantean la necesidad de un verdadero diálogo. En el diálogo se revela la manera de vivir de cada uno y las respuestas que son pertinentes a la actitud de cada persona. Sin embargo, no siempre es absoluta una actitud o un gesto, porque puede representar ideas distintas. Esta es la experiencia con el pueblo yanesha[26].

A primera vista no tiene en su cotidianidad una práctica de cultura propia. Si se lleva en mente una manera de ser los hombres y las mujeres yaneshas, una mirada superficial no revela ninguna diferencia que los distinga de otros pueblos indígenas. Trabajan el campo, viven a la orilla de un río, cocinan con leña, su alimentación proviene de su chacra, son pescadores y cazadores y también tataratean canciones. Al transcurrir el tiempo, nos tomamos confianza, que permite surgir el diálogo. Compartimos nuestras historias de vida, nos interesamos por los dichos, que básicamente son consejos. Nos preguntamos sobre nuestras actitudes frente a la vida, nuestra manera de enlazar relaciones amistosas y nuestras maneras de adorar a Yompor[27]. Nos hemos dado cuenta que tenemos prácticas diferentes, pero cada uno cuenta con libertad y no aparece ningún sentimiento de amenaza.

En esta hoja que es nuestro cuento encontramos dos aspectos. Uno es que el encuentro ocasional entre las personas puede representar una experiencia más llevadera. En la medida en que el tiempo avanza, se hace más enigmático[28] para ambos la presencia y encuentro.

48

26 Visité al pueblo Yanesha en julio de 2010 para realizar el taller, "Encuentro entre la Espiritualidad Yanesha y cristiana."

27 Nota: Yompor significa Dios. La mayoría de los cantos se entonaba en español, pero cuando comenzaron a cantar y pronunciar Yompor, algo pasaba en las personas, porque se observaba que disfrutaban cantando.

28 Edgard T. Hall, *El lenguaje silencioso*. Traducido por Cristiana Córdoba. México: Alianza Editorial Mexicana, 1990, 49.

Es de precisar que detrás de cada persona hay una historia colectiva. Inevitablemente frente al otro se pone en práctica lo que sabe y lo que considera bueno y oportuno; se le da a entender al otro lo que se conoce, que se sabe. Lo que hace decisivo el encuentro es cómo el otro interpreta esa práctica. Esa interpretación hace vivir las diferencias, las consistencias, las fuerzas, y se hace la relación con el conocimiento propio. Pero también aparece la necesidad de tomar una decisión, que históricamente es indignante en que se trató severamente en contra del otro. En otro caso se acerca un poco más o se aparta, por la forma extraña de la práctica del otro. Los prejuicios alejan. En caso extremo se sobre-dimensionan algunos hechos para legitimar la divergencia y criticar que se actúa al revés.[29]

Nuestro cuento nos indica dos maneras de considerarse sabio: uno sin decir nada, sin pretender mostrarlo, y la otra con una necesidad de mostrar que se es. El ser sabio o aprender de la sabiduría del otro exige colocarse frente al otro sujeto distinto. Es aquí donde podemos decir que es importante aprender. Se asemeja con el acto de quitar las hojas y apreciar lo que queda hasta llegar al centro que es la última etapa, llegar a tener sabiduría. Esto supone que estamos dispuestos a quitar nuestras máscaras o prejuicios de sabios, para ambos vernos tal como somos. Aquellas máscaras u hojas no permiten que los otros nos vean y tampoco permiten verlos. Si las hojas quedan al desnudo la sabiduría, se debe ir tras ella, buscarla, encontrarla, comprenderla y compartirla. Si revelan la ignorancia, hay que superarla.

Es importante valorar la totalidad del ser humano como sujeto, con su creatividad y su manera de estar en el mundo. No es posible mantener las limitaciones como lo es la máscara, si

49

---

29 Hall, 49.

estamos conscientes en aprender que las relaciones sociales no deben estar permanentemente matizadas por los prejuicios. Sin tomar en consideración estos aspectos se hace notoria la sordera y la ceguera. Estas son limitaciones que se revelan y se superan en la entrega al diálogo que produce las relaciones intelectuales y culturales. No es un sujeto ideal sin conflictos, porque la práctica del compartir se desarrolla en medio de las contradicciones presentes e históricas que han acompañado a los distintos pueblos.

Nuestro cuento nos indica la seriedad con que se debe involucrarse con el otro; no debe tener otro fin sino el de aprender mutuamente. Para que no sea frustrante ni fastidiosa la experiencia, la disposición en aprender es el principio de un proceso en pensar mutuo y sistemáticamente.[30] Familiarizarse culturalmente posibilita y crea una nueva cultura. Ese otro aprende de nosotros; por eso es el aprendizaje mutuo. Esto es lo que hace revitalizar las palabras, las experiencias y las maneras de asistirse en las distintas necesidades humanas. Esto nos lleva a plantearnos el problema en que no es sólo una participación voluntaria, no es sólo un análisis del conocimiento, ni una reflexión a la luz de las distintas teorías de las ciencias sociales u otras formas del saber humano. Tampoco es sólo colocar esa realidad bajo la lupa o a la luz de la Biblia en caso de los cristianos. Esa práctica se ha hecho y hay mucha literatura al respecto. Ahora es importante profundizar, para considerar con seriedad la diversidad de experiencias y de conocimientos.

El saber de anciano o el conocimiento adquirido, muestra que cada uno tiene sus méritos, con sus aportes. Muestra la importancia de tomar conciencia en dar el siguiente paso: el compromiso con la nueva realidad que se construye. Esta

---

30 Ibíd.

nueva realidad es exigente, parte de la entrega al diálogo-comunicación. El diálogo con compromiso es penetrante, por lo que da frutos y ningún fruto se encontrará hecho. Es de sujetos en acción y comunicación, por lo tanto es de desentrañarlos juntos. El inicio del diálogo entre sujetos de distintos pueblos es poner en común lo que se conoce y se sabe. Esto perturba,[31] porque aunque tuviesen modales similares, la presencia del otro afirma la diversidad con que se debe trabajar. El inicio es tenso, las dificultades complican la comunicación, se dan las imprudencias, es una fase que al ser resuelto se puede avanzar a objetivos concretos. El no saber del otro es un problema que debe ser superado, lo cual se nota porque las conversaciones se hacen mas amenas. Las ideas salen con naturalidad y la comunicación se hace más clara, porque se equilibran las cargas emocionales.[32] El equilibro se potencia al dejarse aprender con el otro. Pero la manera que se ha aprendido marca la manera como nos relacionamos. Si se antepone la forma, no habrá manera o formas como categorías de aprendizaje que puedan resolver porque se impone sin más; continuamente puede volver esta exigencia en la experiencia de aprender. Se hace bienhechor para disfrazar que aprende pero no puede admitir que lo hace junto al otro. Son dificultades por superar para un aprender de otra manera,[33] con y entre extraños.

---

31 Hall, 48.

32 Ibíd., 60-61. Hall dice: "la educación y los sistemas educativos están tan cargados de emoción y son tan característicos de una cultura dada como el lenguaje. No habría de sorprendernos que encontremos una auténtica oposición a nuestro sistema educacional cuando intentamos trasladarlo fuera. El aprendizaje de aprender de una forma distinta es algo con lo que se tiene que enfrentar todos los días quien va al extranjero e intenta formar a la gente del lugar".

33 Hall, Ibíd.

Los nuevos aprendizajes son muestras de acciones transformadoras, colocados uno frente al otro, con los medios que requieren para lograr la totalidad de ser persona en la participación, lo cual es compromiso exigente. El llegar al conocimiento y a la cultura propia de los demás pueblos es una decisión, una opción que tiene sus propias veredas dentro de las realidades que surjan. Podemos observar que la relación es inminente, como una acción fundamental. La pregunta que estará presente permanentemente es: ¿qué hacer? y ¿cuándo hacer lo necesario para el desarrollo libre y espontáneo de la creatividad local? Esta es la razón del por qué el deshojar nos lleva a encontrarnos como sujeto frente al otro sujeto.

El caminar en América Latina ha pasado ya por las incriminaciones de uno que se considera como sujeto y otro considerado como niño que requiere de un adulto para expresarse como sujeto. Esto ha resultado más perjudicial, legitimado con acciones y actitudes que han conducido a la fragmentación de los humanos y ha desvalorado a uno y con el supuesto en que hay otro "valorado". Esto hace que se establezca una relación colonial en que se considera al debilitado como propiedad privada. La desvaloración, en sus más severas expresiones, se ha dado, para mencionar algunos, como, "las justas guerras", "las inquisiciones," "los holocaustos," "la reflexión sobre si el indio tiene alma" y muchos otros hechos conocidos. Es de superar estas prácticas de exterminio[34] y de discriminaciones, todo eso y muchas otras cosas más que no se pueden ignorar. Estos son los desafíos a superar para contribuir en la construcción de una nueva visión sobre uno mismo y sobre el otro.

---

34 Nabel Pérez, *Las culturas que encontró Colón*, 5. En la introducción al libro, lo considero de importancia, que nos dice lo siguiente: "¿Cuántas culturas encontró Colón durante sus viajes? ¿Qué sabemos y qué ignoramos sobre estas étnias, rápidamente diezmadas y exterminadas por la ambición del europeo?"

Nos estamos acercando a nuevas realidades al descubrir lo valioso que se ha quedado perdido en las marañas de esas acciones que desmeritaron las potencias de los conocimientos de los pueblos distintos. Se han subrayado las palabras que llevan ese sello de la muerte de los sujetos, de los maltratos y las formas legitimadas con los juicios hechos. Es importante rescatar el valor del ser humano. Las secuelas de esos hechos de ruina siguen vigentes. Las incomprensiones hacia lo diferente y formas propias, se hacen presentes en momentos precisos contra los conocimientos distintos.

Los sujetos no pueden ni deben agotarse en ninguna circunstancia o situación, ni en conceptos complejos. La humanidad misma es compleja y ha creado complejas maneras de sobrevivir, en muchos casos ocultando al sujeto bajo la complejidad. Las palabras son importantes para comprender al otro, pero hay más que palabras o ausencia de palabras: abarca comportamientos, formas de ser y estar en el mundo.[35] Lo que se expresa es apenas una realidad, con todo lo que implica y sus contradicciones. Las comunidades indígenas son expertas en la lectura de lo dicho y lo que no está dicho, pero que desvalora. Tal es el caso que se presenta en nuestro cuento. Esa es la razón del porqué es importante abrirse al universo complejo, porque está inmerso nuestro comportamiento, sea como reacción o iniciativa creativa.

Hay que mantener la importancia del sujeto. El cuento no permite considerarlo solo como una diversión o de un mero ejercicio académico, mucho menos para hacer las comparaciones, en que el fin sea el de imponer la cultura suya como la mejor.[36] Esa fue una manera, pero hoy asistimos

---

35 Hall, 7.

36 Domingo Llanque Chana, *La cultura aymara. Destrucción o afirmación de identidad.* Lima: IDEA, TAREA, 1990, 44.

a nuevos tiempos y con el profundo convencimiento de que, en última instancia, el encuentro entre sujetos y sus acciones configura una nueva dimensión. El encuentro entre sujetos es dinámico, cada cual con sus conceptos precisos. Cada uno, en mayor o menor grado, muestra que sus expresiones tienen elementos teóricos y prácticos, decisivos, que se descubren en el ejercicio del encuentro, que lleva a fortalecer a los participantes.

Ese encuentro de sujetos visualizados y comprometidos se hace unidad, porque se aceptan, en mayor o menor grado, y se potencian. Esto crea sospechas por el carácter o sentido del diálogo, en que quienes participan se ven sujetos. A esto le sumamos la preparación hacia una enseñanza-aprendizaje mutua de sujetos, que se da en el compartir concreto.

## 2.1 Riqueza cultural

Hemos dicho anteriormente que el diálogo es importante y aquí lo afirmamos porque añade riqueza al ser y hacer humano. Se hace insustituible el diálogo, pero el conocer al otro no se agota todo en este aspecto. Ahora nos toca quitar la siguiente hoja, para acercarnos a una manera de convivencia cultural. Aquí nuestro cuento de una anciana y su medio, que conviven en correspondencia.

### CONVIVENCIA CON EL MEDIO

En las riberas de un río, vivía una anciana, conocedora de su medio, siempre en sintonía con todo lo que le rodeaba. Por el río navegaba una viajera, quien fue cautivada por el paisaje y decidió quedarse. Dijo, "Aquí me gusta estar. Ya que hay una casa, debe haber gente y con ella viviré". Se presentó en el patio de la casa y salió a su encuentro la anciana que habitaba aquel lugar. Aquella viajera se mostró muy amable, abrazos uno tras otro. Luego le dijo a la anciana, "Quiero vivir con usted si me da posada". Agregó, "Me gusta el lugar, es muy bonito, hay tanta belleza y quiero disfrutar de ella." La anciana la miró y le dijo, "¡Pase adelante!" Días después, como huésped, pensó en embellecer más esa casa: "Porque vivo aquí, pues, puedo hacer las mejoras". Una tarde la anciana, tranquila, estaba sentada en su butaca enfrente de la cocina para ver la caída del sol tras las montañas. La huésped se le acercó y le dijo, "Si me permite, yo voy a cortar las ramas de los árboles que están en el camino, porque nos estorban. Las malezas que no nos dejan entrar a la cocina, las voy a arrancar para tener bonita la casa donde vivimos". La anciana suspiró hondamente y le dijo, "Comprendo su interés; ahora escúchame y compréndame a mí. Esas plantas que no nos dejan pasar, también no han dejado pasar la muerte. Esas ramas que le estorban, también han estorbado el paso de la muerte. Todo lo que le parece maleza es mi medicina. Yo soy anciana y no puedo ir lejos a buscar esas plantas cuando he tenido mis dolores. Por la bondad de Dios me las puso cerca para convivir. Algo más, mira, aparte de ser medicinas, me sirven de amigas. Las considero como mis hermanas, mis hijas. A mi edad no he podido cortar las que realmente estorban. Corta todo lo que realmente estorba, pero considera que en cualquier momento necesitaremos medicina y la tendremos siempre cerca".

## Explicamos el cuento

La riqueza se expresa de muchas maneras; nuestro cuento lo hace desde una experiencia particular. Debemos subrayar insistentemente que el elemento importante es la convivencia y se expresa en el conocimiento del medio, sobre todo cuando la vida se ha desarrollado en ese lugar. El interés por las cosas presentes en el medio se debe a la importancia decisiva que manifiestan en circunstancias precisas de salvaguardar la vida. Los tiempos pueden cambiar, pero las razones por la convivencia no pierden sentido. Estudiado o no el medio detenidamente con las formas y normas más recientes, no quita la gran cantidad de experiencias que explican el valor presente en cada una de las cosas que coexisten.

Es de apreciar que el conocimiento surge del contacto directo: con el medio o con el sujeto. Es este el espacio que permite construir una visión sobre las realidades, que configuran "nuevas realidades". El medio en que se vive es activo, porque siempre y en todo lugar ha sido y sigue siendo una excelente forma de superar situaciones y condiciones adversas. Por su belleza particular levanta ánimo, produce una identificación y todo se hace parte. Para unos puede parecer estático el ambiente, mientras para otros siempre hay constante movimiento. Por otra parte, los humanos que cohabitan en el medio ambiente, con sus diferencias puestas en común, contribuyen a una nueva identidad con una acción distinta. La acción debe estar en incesante movimiento, para envolver a los distintos sujetos en mutualidad.

El diálogo pone en movimiento. Esta es la razón del porque hace siempre comprobar y probar, errar y triunfar, avanzar y regresar, todo en correspondencia, porque es una de las sustancias de la vida en comunidad, de la humanidad. Y se constituye en la base, porque afirma las posibilidades para introducirse al conocimiento del otro. Así, el ser humano en diálogo supera los límites y las contradicciones, que se anteponen a la aproximación de los conocimientos. Esta es una riqueza olvidada, ignorada o maltratada.

Cuando ambos hablan, afloran razones para dirigirse a flanquear aquello que se ha constituido en frontera.

Algunas fronteras parecen hasta naturales y definitivas, sobre dimensionadas. Si nos basamos en que el ser humano es finito, pero su finitud no tiene límites, esto indica que siempre puede superar las barreras. Es entonces lo que la anciana nos indica, saber cortar lo que hay que cortar, bajo el entendido que lo que queda es por su importancia.

La mono dirección es lo establecido, lo aprendido, lo defendido y legitimado. La nueva realidad de riqueza que estamos analizando, muestra que debemos guiarnos por la integración de conocimientos. No es partir de la nada sino de los conocimientos previos. Aunque todo es evidente en conocimiento, el encuentro con otra cultura produce un vasto mundo que permite el aprendizaje mutuo sobre lo ya aprendido. Seguir con terquedad con el conocimiento, por conocimiento mismo, porque nos parece obvio o cómodo, nos condiciona a una manera de hacer y ser. En la construcción de nuevos conocimientos no se pueden hacer uso de los parámetros al que estamos acostumbrados. No es permisible mantenerse en exclusividad en acuerdo con esa comprensión previa, sino que requiere volver a analizarla. No se pueden cortar las ramas que menciona nuestro cuento, sin previo conocimiento de lo que representa, es decir un rechazo a los extremos. Es imperativa la exigencia de la aproximación de conocimientos, para un nuevo modelo de vida de acuerdo a conclusiones colectivas.

No se puede realizar comparaciones porque cada cono-cimiento tiene su propio valor. Si se busca en uno lo superior, necesariamente lleva a demostrar lo inferior del otro. Esto resta importancia a todo conocimiento. Hace perder la lucidez de los nuevos conocimientos que pueden establecer una nueva humanidad bajo las condiciones de la vida que ofrece posibilidades a todas las personas, en todas las culturas. No puede haber una obsesión por el conocimiento mismo,

57

sino por el poder de los sujetos que influyen en los nuevos conocimientos. Malinowski usa un concepto importante cuando habla de la práctica religiosa en los pueblos: que la existencia de una comunidad, sin importar la época o tiempo, no carece de una actitud científica, por más "salvaje" que sea, porque la falta que se hace notar en el otro es una condición impuesta.[37]

Descubrir nuestra humanidad y nuestra diferencia es importante. Se logra con el cuidadoso discernimiento y disponibilidad para compartir, de manera natural, lo humano y el medio que nos rodea, porque en todo fluye conocimiento valioso y preponderante. En la aproximación a los conocimientos no se puede ubicarse en los extremos, sea para rechazar o para ser permisivo. Otro extremo es el principio de la universalidad de uno y local los otros, por el simple hecho de ser un conocimiento diferente. En otros espacios lo diferente es ubicado únicamente como una variante, sin trascendencia. Estos hechos matan los espacios de encuentro o de organizar un diálogo, comunicar algo, o sugerir una mejoría, como en el caso de nuestro cuento. No se debe disolver el hondo deseo de aprender al lado del otro para no consumirnos en principios inquebrantables, que anula lo humano.

## 2.2 Diferencias y diversidad como problema y riqueza

Ahora quitamos otra hoja más, que nos indicará lo que tenemos por delante y las discusiones necesarias al que nos enfrentamos.

---

37 Bronislaw Malinowski, *Magia, ciencia y religión. Obras maestras del pensamiento contemporáneo*. Barcelona: Planeta-Agostini, 1993, 7.

## CUENTO DEL TEÓLOGO Y EL NIÑO

Un día un teólogo disertaba a la orilla del mar sobre la grandeza de Dios escrita en su Palabra, enfatizando que es de memorizarla, estudiarla y analizarla para comprenderla. Un niño jugaba cerca del lugar. Él corría y saltaba, pero después de un rato, se sintió aburrido, se agachó, y comenzó a cavar un hueco (hoyo) en la arena. Más tarde, el teólogo vio al niño, que seguía con su afán de cavar el hueco. Se agachó para estar lo más cerca a la altura del niño y le preguntó sobre qué estaba haciendo. El niño, sin mirarle, respondió, "Estoy cavando un hueco, para meter el mar adentro" y siguió con su afán. "¡Ah niño!" exclamó el teólogo, "Eso es imposible". Al escuchar el niño la afirmación del teólogo que era imposible, se enderezó y se puso en frente del teólogo agachado, diciendo, "Señor, ¿es imposible lo que pienso?" El teólogo le dijo, "Sí, es imposible, imposible, muy imposible meter el inmenso mar en un hueco". El niño le dijo, "Señor, ¿por qué para usted es posible meter a Dios en su cabeza, con toda su grandeza?"

## Explicamos el cuento

Es obvio que hay distintas áreas que nos diferencian los unos a los otros. En esta hoja que vamos quitando nos muestra las posibilidades que se abren en poner en práctica los distintos conceptos. La aproximación al conocimiento no puede ignorar a nadie, ni por edad, por sexo, ni por las muchas otras maneras de diferenciarnos del otro. Esa es la razón del por qué estamos deshojando para cavar hondo, al considerar que siempre se encuentran posibilidades de acercamientos en conocimiento con el otro.

Superar la diferencia es volver a la idea en que todos son sujetos con conocimientos y cultura, con posibilidades de ser impregnados de muchas otras culturas y de distintos conocimientos con los que se tiene contacto. Es un acto que exige y persigue un propósito concreto. La importancia en aprender de las hojas que vamos quitando, es que nos estimula a avanzar a etapas significativas de conocimiento. Esto se da cuando estamos frente al otro, que nos desafía y hace aflorar actitudes que tenemos dentro que pueden ser obstáculos[38].

Nuestro cuento en cuestión exige admitir que los conocimientos no son exclusivos de unos. Pertenecen intrínsicamente a toda la humanidad, lo cual no significa que no haya ambigüedades en unos sujetos y en otros, ni el peligro de la incomprensión. Aquí se hace importante la crítica por el sentido y significado de las diferencias y la afirmación que la diversidad es más riqueza que problema.

Es importante mantener la totalidad del ser humano, porque en cualquier momento aflora la creatividad. No es posible

---

38 Guy Leperlier, *La comunicación pedagógica. Técnicas de expresión para el desarrollo.* Bilbao: Mensajero, 1994, 19-20. Cuenta esta historia: "Un docente deseoso de 'hacer grupo' se inscribió un día en un cursillo de desarrollo personal. El primer día hablaba mucho pero escuchaba poco. Se dice no obstante: 'he aprendido todo'. El segundo día el animador de la consigna da un ejercicio: 'Id hacia aquel al que no le queréis y decidle por qué'. Antes de que haya tenido tiempo de dirigirse hacia cualquiera, dos participantes le caen encima: 'Lo que no me gusta de ti, es tu aspecto de profesor; juzgas, sacas conclusiones...' El tercer día, después de haber meditado la lección, creía todavía haber comprendido. Durante un ejercicio, una participante depresiva comparte su sufrimiento, lamenta que su marido la deja sola en tanto que ella se sacrifica por él. Nuestro docente allí va con su estribillo caritativo. 'En lugar de dejarte llevar, es amándote a ti misma, cantando, poniéndote bella como te apreciarás mejor...' ¡Es demasiado! El animador interviene: '¿Has recibido alguna vez puñetazos en la cara?'. Desconcertado, el docente se calla finalmente. ¿Es que un profesor tiene que cambiar de piel y de substancia para asegurar correctamente su enseñanza? No exageremos, pero, si tiene que garantizar... cambiar de rol."

la convivencia insensible a los cambios internos y externos de cada individuo. Como el caso de nuestro cuento, en que la grandeza entendida por un niño y por un teólogo son representaciones concretas de diferencias, pero no distanciamiento, no se debe sobrevalorar ningún tipo de problema. Lo valioso es el diálogo que nos confronta pero hace poner los pies sobre la tierra.

Es comprensible que la riqueza está en el diálogo, en el encuentro, sea que se vaya a ese encuentro o el encuentro venga hacia nosotros. Si se mantiene una actitud de superioridad, la realidad nos hará colocarnos en el lugar correcto, como el caso del teólogo. Probablemente el niño no hubiera considerado importante la opinión del teólogo, a no ser por el encuentro. O, en el caso de que si el teólogo no se hubiera acercado, tampoco tendríamos un nuevo aprendizaje.

Hay dos posibilidades, de interés o desinterés. En el caso de interés, se vinculan los dos puntos de vista y se afirma el diálogo. En el caso del desinterés, es dar por entendido que el niño está en una faena de cavar un hueco, y juzgar desde nuestra experiencia de adulto. Es considerarlo un simple niño, en una actividad acorde a su edad y que, por no tener otros objetos de juego, hace uso de la arena. No debemos olvidar jamás que la creatividad fluye porque pertenece a la sustancia humana. Pero también recoge en parte de las situaciones y circunstancias circundantes. No obstante, cada individuo mantiene su especificidad, por lo tanto la creatividad tiene expresiones propias, locales y únicas. No se puede adoptarse a una determinada manera de expresión, sea presente o histórica. 61
No es posible mantener los ojos o los oídos cerrados, que desmerita la riqueza y sobre dimensiona el problema. Cuando la mirada se centra más en la diferencia, se hace problema y la diversidad llega a ser obstáculo. Esta manera de considerar las aproximaciones influye notoriamente en la afirmación de

límites al desarrollo intelectual y cultural. El diálogo supera conflictos y abre paso en medio de las contradicciones, porque es una parte presente intrínsicamente en el ser humano.

Esto indica que el acercamiento es serio, porque involucra con el fin de aprender y comprender junto al otro. Esto es lo que revitaliza los conceptos, las relaciones sociales y las palabras de cada sujeto. Se hacen parte de sus experiencias e influyen sobre sus necesidades humanas. Es diferente ser teólogo o ser considerado niño, como lo es el caso de las culturas indígenas, que son apartados como subcultura. En este caso es tener una comprensión de la cultura o los conocimientos como un vestido en que con el tiempo pierde su brillantez, o el hecho de que para las ocasiones especiales se pone uno distinto, se ensucia y necesita lavarlo, quitarlo o tirarlo por ser inservible.[39]

Este encuentro entre el niño y el teólogo nos muestra la importancia del encuentro porque estimula a la reflexión que se constituye en el fruto del trabajo, que sólo se da entre sujetos comprometidos con acciones concretas de interrelación. Esto exige transformaciones, por el compromiso con la aproximación con el conocimiento y con la vida. El acercarse es una decisión para encontrar veredas propias dentro de las realidades presentes. Es una nueva manera de organizar la vida, diferente a la de la individualidad. También es un nuevo pensar, una nueva manera de concebir el mundo en una interdependencia. Las distintas organizaciones socioculturales y el hombre mismo toman nuevas dimensiones.[40] Podemos observar que

39 Hall, 36. "Sin embargo, el trabajo de campo que hicieron los antropó-logos como una pura investigación, más los proyectos en cuya aplicación trabajamos, no se perdieron totalmente. Esa enriquecedora experiencia nos enseñó que la cultura es algo más que una mera costumbre que se pueda quitar o cambiar como un vestido."

40 Hall, 36.

la relación es inminente, como una acción fundamental. Las preguntas que estarán presentes permanentemente son ¿Qué hacer? y ¿Cuándo hacer lo necesario para el desarrollo libre y espontáneo de la creatividad creada local y en conjunto? Esta es la razón del por qué el deshojar nos lleva a desentrañarnos como sujetos creativos frente a otros sujetos con equidad.

Los pueblos culturalmente han tenido cambios, pero de alguna manera son menos bruscos, en el caso de considerar su historia y sobre todo la importancia que le dan al diálogo. Es un desafío mantenerse en la línea del compromiso comunitario con el otro. Es de reconocer que nadie puede abandonar todo, sino aquello que limita la nueva relación. El niño no puede anular al teólogo, pero le sirve de espejo. Esta misma condición es del teólogo. Después de ese diálogo, pueden compartir sin prejuicios, siempre que el diálogo sea diáfano. Esta posibilidad es presente en la medida en que hay fidelidad de los sujetos. Es de reconocer que es más dinámico de lo que pensamos, por lo tanto se puede dar el caso de que en cada encuentro con otro nuevo sujeto se den cambios y siempre se presentarán variaciones. Este es uno de los peligros al que se enfrenta siempre—los cambios. [41]

Un hecho que nos puede ayudar a reformular nuestro entendimiento de la mutualidad es lo que nos indica

---

41 Hall, 37. "No habría forma de reunir datos que se pudieran comprobar válidamente, de reproducir los procedimientos sobre el terreno, de equiparar un caso propio de la cultura A con otro de la cultura B, si no era intentando describir cada uno y decir después que eran diferentes. Resultaba difícil, cuando no imposible, especificar en términos precisos qué era lo que hacía una cultura realmente distinta de otra, si no era señalando que había gente que criaba ovejas y gente que recogía alimentos, que unos se dedicaban a la caza y otros al cultivo, que adoraban diferentes dioses y organizaban sus sociedades de formas diferentes... Sin darse cuenta del todo, aquellos bienintencionados caballeros adoptaban un punto de vista ingenuamente evolutivo que clasificaba a la mayoría de los extranjeros como 'americanos subdesarrollados'".

Duch. Afirma que la experiencia demuestra que la cultura "occidental"[42] abandonó el interés por el mito. Lo criticó y opuso un criterio distinto, para demostrar ser más lúcido y racional que la formulación mítica que se desarrolla desde la experiencia de vida. Luego se retornó a considerar el valor del mito en los pueblos. Este es un ejemplo vivo en que la aproximación también corre este peligro, si es accionada por la emotividad en el presente. Luego se cambia por otras situaciones, bajo el pretexto de estar actualizado. Tengamos presente este hecho que nos menciona Duch; mientras tanto, es necesario trabajar de manera positiva para el desarrollo del encuentro de sujetos y de conocimientos. Se justifica en que no debemos sorprendernos de cambios de enfoques, porque es parte del quehacer intelectual. El ser humano no puede separarse de las realidades sino que se expresa en coherencia con ellas. Y no se agota en una sola expresión, sino que usa procesos de imaginación y de conceptualización.

Esto no debe ser una contradicción, sino que debe ser una riqueza, al considerar que las exploraciones son importantes, de la misma manera, el de mantener una acción aproximativa a los distintos conocimientos. Lo que no es aceptable es la crítica destructiva, para luego darse cuenta que se destruye a la persona creadora de conocimiento y cultura.

Aquí los pueblos indígenas tienen mucho que decir, porque no han sido preguntados por los huecos que han cavado en la arena de sus conocimientos. Tienen una carga fuerte, ya que su mundo gira en torno a la experiencia y el sueño de un mañana mejor. Deben ser considerados pueblos con conocimientos, ya que su saber también es ciencia.

---

42 Lluís Duch, *Mito, interpretación y cultura. Aproximación a la logomítica.* 2ª edición. Traducido por Francesca Babí i Poca Domingo Cía Lamana. Barcelona: Herder, 2002, 13.

Los conocimientos están presentes, se acepte o no, se le crea o no, y eso no altera su significado ni anula su existencia. Los pueblos tienen formas de comunicar y uno de esos son los cuentos, como parte importante de su desarrollo. Cada pueblo tiene sus bellas artes con sus propios signos y símbolos; tiene ideología e historia, como afirma Duch. Lo importante es no permitir las rupturas en el desarrollo de los procesos de vida. Esa es la razón en que podemos concluir diciendo que el caso de los conocimientos no ha dejado de ser, sino que es presente, actual en cada época, y, como dice Duch, esto es comprobable, sin importar el grado de desarrollo que tenga el pueblo. Puede ser una sociedad sofisticada o menos estructurada y diversifica un conocimiento propio.

## 2.3 Conflictos

Al quitar esta hoja nos adentramos un poco más y las realidades contradictorias se hacen presentes. Debemos estar seguros en que son realidades que no se pueden ocultar. Tratar estas realidades nos permite conocer mejor lo que implica llegar al fruto de nuestro trabajo de deshojar.

### EL CUENTO DE LA CONTRADICCIÓN

De un país lejano, llega un hombre de un país considerado como el más avanzado en todo. Y este hombre coloca todos sus títulos por delante. Exhibe como trofeo lo que sabe hacer, lo que conoce, sus capacidades, sus estudios realizados, sus trabajos en los más diversos ámbitos.

65

Caminando por un pueblo pobre, llegó a un rancho, y sin más dijo, "Aquí me instalo, aquí trabajaré". Los habitantes del rancho se sorprendieron, pero lo dejaron instalarse y se quedó. Al rato se apoderó de todo, incluyendo a los habitantes del rancho, y los consideró sus trabajadores.

Su afán era mejorar la calidad de vida de esos moradores y pensó que para eso era necesario hacerlos trabajar. Decidió enseñarles a trabajar con horario. Los consideraba como niños que necesitaban una buena madre o un buen padre. Todo medido en tiempo, la observancia del horario le era indispensable para cada actividad. Con su mirada podía hacer que los habitantes se comportaran como ovejitas. Así le parecía bien. Cuando miraba que alguien tomaba un poco más de tiempo, levantaba la voz, "Bueno, bueno", y con elegancia hacía el gesto de ver el reloj. Como quien dice, "al sabio a señas".

Se notaba ciertos avances en materia del desarrollo del trabajo y algún ingreso extra, pero se debilitó la convivencia. Llegaron a tener conciencia del trabajo, pero poco interés por el otro. Por fin, uno de los moradores preguntó al hombre que se impuso, "¿Nos permite trabajar en paz e inspirados?" Otro dijo, "Queremos que el resultado de nuestro trabajo sea fruto de la armonía, de dedicación y tiempo. ¿Eso es posible?"

## Explicamos el cuento

Hay muchas cosas que son válidas en una cultura que potencian y otras que rompen con la vida natural de la convivencia. Nuestra historia se ubica en el tiempo lejano porque así pensaban y cuando se habla de misioneros cristianos en las comunidades se dieron estas cosas. Los pueblos eran considerados como faltos de inteligencia, por lo tanto requerían de buenos modales y costumbres para tener su desarrollo. No siempre las buenas intenciones resultan ser las prácticas de mejor aporte para el desarrollo. El hecho de anteponer los conocimientos cohíbe las relaciones. El conocimiento es por la práctica de una vida sencilla pero capaz de mostrar hechos grandes de servicio, de entrega y de atención por el bienestar de la comunidad.

Es claro que es un extraño que llegó, se le dio posada y luego se apoderó de todo. Este es una de las maneras a las que debemos estar atentos, porque el diálogo no debe ser para legitimar una manera u otra, no por ser buena o mala, sino porque el acuerdo es de común. Las acciones conflictivas son aquellas que tienen el criterio de superior valor de uno sobre otro, por ejemplo, que una manera sea técnica y otra carente de este elemento como criterio para valorar o desvalorar. No se puede legitimar una manera porque conduce a la fragmentación y a la inconformidad, porque se obtienen algunas ganancias de un lado, pero pérdida por otro.

El interés es válido y la nueva actitud puede ser un aporte, pero si no se pone en comunidad los esfuerzos no se harán de manera equitativa para los distintos aspectos de la vida. Se parte de la realidad, no cabe ninguna duda, pero las diferencias —porque se sustentan por un pensar,[43] concebir y fundamentar su manera de vivir— se deben analizar de forma conjunta y bajo condiciones de fraternidad, de entrega de todas las personas participantes. La manera individual cae en asimetría; el bien que se pretende lograr se anula por la forma.

Necesitamos pensar y analizar la propuesta desde los cuentos que nos permitan avanzar hacia los encuentros. Sigamos deshojando hasta que nos permitan llegar al acercamiento del conocimiento del otro, con otro cuento.

67

---

43 Hall, 36.

## LA IMPORTANCIA DE LA AYUDA MUTUA

En una comunidad llegó un hombre con voz ronca, corpulento y alto. Vio que la gente le tenía miedo y dijo, "Pobre gente, por su miedo no podrán hacer nada". Días después, necesitaba la ayuda de los hombres del lugar para mejorar su vivienda y nadie le ayudaba. "Triste," le dijo a la mujer que le servía sus alimentos. "Juana, todos los hombres de tu pueblo son cobardes, miedosos y por eso nadie quiere ayudarme". "Tal vez, señor, tal vez," respondió ella. El hombre insistía y la manifestación de su enojo iba en aumento. Juana no aguantó más y le dijo, "Señor, ¿qué quieres que hagan los hombres de mi pueblo? Pues, no has ayudado en nada; lo único que has hecho es meterles miedo".

Sin más, nos situamos en nuestra condición y vemos en las personas situaciones que llevan a pensar en que son atrasadas y testarudas,[44] sin percatar que no siempre los problemas que se manifiestan en el otro sirven de espejo para vernos. Sea que pretendamos ignorar al otro o a nosotros mismos, solo se alimenta la ignorancia,[45] por lo cual aumenten las dificultades. La aproximación al otro es un desafío a la verdadera comprensión de las capacidades en poner en común los conocimientos. Los prejuicios contra el otro crean las dificultades y manifiestan nuestra ignorancia de nosotros mismos.

Cuando se anteponen realidades que manifiestan la testarudez o la ignorancia de una parte, es porque hay condiciones que deben superarse, porque son prejuicios en que se basan. Una

---

44 Hall, 37.

45 Ibíd., 38.

condición es anteponer la respuesta, la aceptable desde la posición en que se está. Por lo tanto es otra realidad, porque la respuesta representa una realidad; querer escuchar[46] otra respuesta sobre una realidad ya es realidad distinta.

Otro peligro que suscita conflicto es la asimilación. En poco se repara este hecho, porque, como en todas las situaciones, no hay manera de marcar los límites. La asimilación es de una vía. Es poco discutido cuando es lo débil que es asimilado, porque se considera normal. Las férreas discusiones se dan si se atenta contra lo considerado superior a ser asimilado, sobre todo por lo débil. En algunas áreas de la vida social se da la asimilación. En el caso lingüístico, los modismos no se profundizan discusiones, más que entre especialistas, porque si queremos darnos a conocer, usamos los modismos locales. Nadie se expone y los obstáculos del lenguaje quedan superados. Los pueblos de una u otra manera han aprendido el idioma español para comunicarse. En muchos lugares los hispanohablantes no hacen el más mínimo esfuerzo por aprender una o dos palabras en el idioma local. Es claro que manifiesta falta de interés y no les parece importante hacer el esfuerzo en comunicarse con el otro, ni considerar que ese es el lugar del otro. Prefieren que sea el otro que se esfuerza por comunicarse, para no hacer el ridículo. En esto me refiero a los que son nativos de los lugares donde hablan un idioma local, aparte del español, que es la experiencia en varias partes de América Latina. No se puede generalizar, pero tampoco evadir esta realidad, porque la palabra es sistematizada[47] desde las formas de vida, que no permite una relación concreta.

69

En muchas otras áreas no se puede admitir la asimilación, mucho menos considerar que un conocimiento es mejor que

---

46 Hall, Ibíd.

47 Hall, 41.

otro, porque son comprensiones de realidades y en su contexto, cada uno tiene su certeza. No se puede quitar a uno para que la vida se desarrolle mejor. Esto es posible si se analiza en qué las distintas áreas de la vida compartidas son riquezas. Esa es la razón por la que las personas que han olvidado su cultura, cuando son indagadas o desafiadas a presentar su cultura, sienten la necesidad de volver a sus tradiciones. Para superar ciertos conflictos se hace importante la adaptación de todas las partes que se involucran. El enriquecimiento es mutuo; el desarrollo se debe hacer propositivamente y consensuado. Para ello el observarse detenidamente en su conocimiento hace conocer al otro desde lo íntimo propio, y esto los une. No es posible considerar al otro ajeno, pasible, pasivo, sino el otro concreto en interrelación con todo y comunicante, porque desde su cultura el otro comunica.[48] En esta comunicación no sólo se da el bien, sino también la crueldad.

Otro conflicto es la idea de que lo diferente se supera por la enseñanza, por lo tanto es de enseñar a la gente su quehacer. Esto denota que estamos usando un criterio para evaluar que en todo caso es superior uno que otro. Es de recordar que no se trata de implantar nuevos hábitos; no es la anulación de todo lo que no nos parece, sino la renovación, lo cual hace que sea importante suscitar iniciativas en que ambas partes están comprometidas. De lo contrario no se pone la creatividad que ayude al desarrollo de la inteligencia, y la participación decae en sentido y significado. Una inteligencia que es cooperativa indica colectividad. La importancia radica en que no se automatiza a nadie, sino a diversificar su conocimiento como ser humano. Esto indica que ya no se pone uno contra el otro, sino que se sientan los dos y tienen una mirada hacia el mismo horizonte. En ninguna experiencia es bueno y agradable mecanizar al ser humano porque esto

---

48 Hall, 40.

es estancamiento y pérdida de la libertad de pensar y en desarrollar su conocimiento.

Para potencializar nuestro entendimiento consideramos importante el deshojar, por medio de un cuento más, que nos ilustra en todo caso las creencias que se ponen en juego en la aproximación al conocimiento del otro.

## EL PESO DE LAS CREENCIAS

Dos jóvenes fueron a estudiar fuera de su comunidad, aprendieron muchas cosas y, al concluir sus estudios, regresaron a su pueblo. Durante el tiempo de estudio, les inculcaron ser celosos de lo aprendido, que se ayudaran a cumplir con acciones concretas su nuevo conocimiento. Ya en su comunidad recordaban que sus mentores no cesaban de hacerles las advertencias en que tuvieran cuidado al llegar a su comunidad, porque estarían expuestos a abandonar toda la sabiduría que les habían dado. Les repitieron una y otra vez, hasta que lo creyeron tal como les indicaron: ser cautos en ese mundo de poco valor, porque su nuevo conocimiento es superior al conocimiento práctico de su comunidad. Sobre todo lo peligroso eran las enseñanzas de los iletrados. No deben apartarse en lo aprendido, ni se les ocurra entablar un diálogo en asuntos en que no prive el razonamiento. Los hicieron jurar una y otra vez en observar las advertencias. Hicieron la promesa de no rebajar el prestigio de su educación. Las veces que les pedían ayuda uno decía al otro, "Vas a cargar con ese pecado de desobediencia! Tu conciencia no te dejará en paz".

## Deshojando el cuento

Definitivamente cierta manera de educación llega a dominar a la persona en un caso extremo. Es normal que lo que se aprende tenga una influencia sobre nosotros. Cuando se da el dominio o influencia en exceso, lleva al rompimiento de las relaciones. Por lo tanto es clara la negación u ocultamiento del Otro. Es importante comprender la función que se desarrolla y contribuir en ser instrumento de cohesión. El conocimiento es crecimiento y se debe llevar a la humildad, para ponerlo a disposición de la sociedad. En término más puntual, sería al desarrollo de la vida y vida en comunidad.

La exigencia de la vida es el desarrollarse para hacer un aporte adecuado y oportuno a la comunidad a la que formamos parte. Es necesario estar atentos para que no sean obstáculos nuestros conocimientos y mucho menos la presencia misma. Hay un dicho muy popular, "ayuda mucho quién no estorba." Para la aproximación al conocimiento del otro es importante que las relaciones sean consistentes y que estimulen a la convivencia. Convivencia que parte de la prudencia, la observación, el escucha con atención y la búsqueda de la armonía. El siguiente cuento nos ayuda a comprender la importancia de evitar conflictos innecesarios:

### A FALTA DE COMPRENSIÓN HAY CONFLICTO

En el umbral del siglo XXI, se juntaron varios caminantes en el cruce de la vida. Tenían sed y hambre y pensaban que morirían. Entonces, cada uno pidió su último deseo y llegaron a un acuerdo: el que lograra salir vivo comunicaría a toda la gente los deseos de todos. Sin embargo, cada uno pensaba que su deseo era mejor que el de los otros.

El que se sentía más cansado dijo, "Mi deseo es *life*".

Escuchó el náhuatl y no le pareció. Dijo, "Eso no puede ser, mi último deseo es mejor porque es *nemilistli*".

El quechua, todavía más empalagoso, dijo, "Que poco deseo tienen, el mío es *causai*".

El kiché intervino inmediatamente y dijo, "Creo que no han entendido que el último deseo debe ser lo mejor: *li k'aslemal*".

El tzeltal, con una mirada burlona, dijo, "Nadie está pensando correctamente; ahora es importante el *kuxlejal*".

Sin más, se sumergieron en actitudes hostiles de crítica y los gritos fueron en aumento del uno contra el otro. Llegaron a actuar con locura y nadie escuchaba a nadie. Cada uno quería imponer su último deseo y, a la vez, cada uno dio una interpretación a lo que escuchó del otro. El conocimiento que tenía cada uno de las palabras del otro no fue lo suficiente para convivir.

Apareció Dios y les dijo, "Cálmense. Yo les he escuchado, así es que viva cada uno 60 años más". Al unísono preguntaron, "¿Por qué nos has dado a todos lo mismo?" Dios los miró a sus ojos y les dijo, "Escuchen, les he dado lo que cada uno ha pedido, nadie morirá, y todos vivirán más tiempo".

## Deshojando el cuento

Pocas veces reparamos en la importancia en mantener presente el por qué unimos nuestras palabras, en este caso nuestros deseos. La tendencia de ser primero y tener las mejores ideas rompe con las primeras intenciones y se sobreponen otras. Con actitudes de locura nadie escucha, por lo tanto se pierde el buen uso del entendimiento. Es notorio que las palabras dicen mucho pero no todo, también hay intenciones que están tras las palabras. En la locura nadie puede ser portador de un mensaje. Toda comprensión adecuada evita conflictos en los participantes. Para llegar a eso, se requiere una mirada integral, la totalidad del ser humano y sus palabras, y esto es lo que se debe comunicar. De lo contrario las intenciones se frustran; se desnaturalizan los motivos y aflora la diferencia, la arrogancia y el individualismo.

## 2.4 Los determinismos angustiantes

Ahora en esta parte nos toca sacar la última hoja para encontrarnos con el maíz, es decir con nosotros mismos y con el Otro. Se une nuestro deseo de descubrir como es ese maíz, o cómo somos nosotros frente al otro, con la incertidumbre de que sea lo que esperamos. Es esta idea la que nos lleva a pensar detenidamente en que la aproximación es deseo y angustia, es próximo y lejano, es fuerte y débil, se hace tan presente, a la vez se aleja en el espacio y tiempo. Estas realidades van a configurar y sustentar las creencias, que inducirán a las dificultades o a las soluciones. Tenemos el siguiente cuento.

### LAS CREENCIAS QUE SON DIFICULTADES

En cierta ocasión, un hombre se consideraba un conocedor de los caminos de norte a sur, y de oriente a occidente. Un día que estaba nublado, salió a su recorrido rutinario por los distintos pueblos, que lo hacía desde muchos años. Sin reflexionar, tomó camino, porque se consideraba sabio de los rumbos; según él, salió para el sur. Después de caminar algunas horas, y sin preguntar a las personas que encontraba en el camino, controló el tiempo y se percató que no llegaba al pueblo que tenía en mente. Pensó que había caminado despacio y por eso no había llegado. Algunas personas que encontraba le preguntaban si necesitaba alguna ayuda, pero él simplemente les agradecía. Miraba que sus previsiones eran suficientes y pensaba que no necesitaba ninguna ayuda. Horas más tarde, tuvo una leve intención de preguntar, pero se decía que no era necesario preguntar. Preguntar a la gente era pérdida de tiempo, porque la gente conocía lo de su comunidad, lo local, y él era conocedor de lo amplio y lo general, que estaba sobre lo local.

La noche lo cubrió, y fue entonces cuando tuvo la intención de preguntar al que encontrara en el camino, pero a nadie ya veía. La noche avanzaba; miraba siluetas de personas de lejos, pero al llegar cerca, eran troncos de árboles. Seguía caminando y el cansancio le era ya insoportable. También reflexionaba que, aunque llegara a un pueblo, no sabría cuál era, pues como la noche había avanzado, la gente estaría durmiendo y no encontraría a nadie en la calle. No daba crédito de que estuviera perdido; se decía, "Soy un erudito en estos rumbos. Es posible que sea por la edad, pues mis pasos ya no son largos, por eso me he demorado un poco".

En las comunidades rurales las personas se levantan muy de madrugada y se encaminan a sus campos a trabajar. Entonces, ¡luz! El viajero se encontró a un hombre y, al escuchar su voz, se dio cuenta que era un anciano. Le preguntó, "¿Cuánto falta para llegar al pueblo?" El anciano respondió, "El pueblo hacia el rumbo que lleva está a unas 10 horas de camino. El pueblo más cercano lo pasó hace unas 5 horas". Se dijo para sí mismo, "Creen que los viejitos me enseñarán a mí", y se fue. Luego encontró a un comerciante y le preguntó, "Señor, ¿a cuántas horas está el pueblo?" El comerciante le indicó que el pueblo más cercano era el que había pasado. Se dijo, "Creen que por ser comerciantes uno les tiene que aceptar sus cálculos. Lo asustan a uno para comprarles sus baratijas". Luego encontró a un grupo de mujeres y les preguntó por el pueblo más cercano, y también le indicaron, pero no les creyó porque no es de fiar de mujeres. Quien está lleno de sus propias creencias y opiniones, ¿de qué le servirá preguntar?

## Deshojando el cuento

Es de resaltar que no todas las creencias presentan dificultades, pero cuando se mezclan con actitudes y pensamientos que rayan con la soberbia, el orgullo, la vanidad y el egoísmo, se nubla la capacidad humana y el conocimiento aprendido. Esa actitud impide el encuentro con otros conocimientos, porque se valora que su razón y sabiduría están sobre las demás.

El hombre tomó una decisión y el por qué se encuentra lejos de su camino, solo tiene respuesta en su propia actitud racional y emocional. El cuento nos desafía porque en la realidad muchas situaciones no se comunican[49], pero fundamentan una acción.

Cuando nos aproximamos al conocimiento del otro, se manifiesta, implícita o explícitamente, el deseo de aceptar las contribuciones del otro e integramos el dato del otro con nuestros datos. Con esto se produce un nuevo conocimiento y, si es de bien, se fortalece la vida y la convivencia.

A la vez, por medio del encuentro con el otro conocimiento, se descubre, como espejo, lo bueno que hay en uno mismo. Por eso, decimos que las relaciones potencian a las personas que se aproximan. La sabiduría del hombre pudo haberse enriquecido durante todo el camino, porque hubiera intercambiado con otros conocimientos, aparte del anciano, del comerciante y de un grupo de mujeres. En cada pueblo hubiera recogido conocimiento tras conocimiento. Su caminar

---

49 Hall, 42.

hubiera sido una experiencia de maravilla por lo entregado a otros y lo recibido de ellos.

Superar el determinismo que llevamos dentro es un proceso largo, tedioso, desafiante y exigente, porque tiene que ver con una transformación de lo que ya existe en la mente y se ha establecido como un sistema que tiene respuesta para todo. El desafío es enfrentarse al proceso de la mente[50] que requiere ser renovada. El determinismo desde esta perspectiva nos plantea dos caminos: seguimos con el rumbo que llevamos, lo fortalecemos y reconocemos su particularidad, pero con el riesgo de estar aislados en la proximidad. O, entramos en el diálogo, desde el reconocimiento de sí mismo y las aproximaciones con el otro, sin dejar de comprender el valor que tiene la propia forma conocida y vivida[51]. No es negar la validez de los estudios, comprensiones e interpretaciones de nuestra propia cultura, porque son precisamente los que se colocan en la mesa, para la aproximación al otro. Lo que consideramos inapropiada es la postura que no dialoga y cae en desvalorar aquellas lógicas y sabidurías diferentes.[52]

---

50 Hall,Ibíd.

51 Hall, Ibíd.

52 Laurette Séjourné, *Antiguas culturas precolombinas*. La Habana: Editorial de Ciencias Sociales, 1974, 72-73. Sobre todo este autor nos dice: "Las cartas estaban echadas y, ya sobre este firme terreno, la demostración que concierne a lo excelente y su contrario permitió al teólogo hermosos párrafos de elocuencia. El panegírico de los españoles se extiende sobre varias páginas y no deja nada que desea alas más delirantes exaltaciones raciales de todos los tiempos: la diferencia fundamental entre estos seres nobles, inteligentes, virtuosos, humanos, etc., y los bárbaros es la misma que separa a los hombres de los monos (p.10), de lo cual se deriva la conveniencia de usar el arte de la cacería no sólo contra los animales, sino también contra los hombres que, habiendo nacido para obedecer, rehúsan la esclavitud (p.87)."

En nuestra experiencia con aproximaciones con pueblos Qechua-Kichua, Aymara, Maya y otros, hemos aprendido que el diálogo privilegia la manifestación de las diferencias a la vez que plantea la puesta en común. El movimiento de ambos aspectos permite el acercamiento sin imposiciones. Se hace notorio que no todo lo que preciamos de una cultura se agota en ese conocimiento. Tampoco se puede considerar que todo lo que nos cuentan las personas de una cultura lo hagan con la plena intención de ocultar alguna parte. Pero sí es cierto que en la aproximación se percata en que cada cultura no revela todo[53] y que con el contacto se va revelando lo oculto. Sin embargo, no se puede partir de la negación o del juicio demoledor contra el otro, como ha sucedido en la historia, sobre todo cuando menciona la bestialidad y el pecado de los propios sometidos, los indígenas.[54]

Al quitar esta hoja, hay que considerar un aspecto importante, que tiene mucho que ver con la propuesta de Gramsci, la relación entre "intelectuales y pueblo". Tomamos la idea de Gramsci porque proponemos abrir el diálogo permanente.[55]

---

53 José Guillermo Nugent, *El conflicto de las sensibilidades. Propuesta para una interpretación y crítica del siglo XX peruano.* Lima: Instituto Bartolomé de las Casas-Rimac, 1991, 11. "En semejantes momentos las formas de maldad y crueldad no hace falta descubrirlas porque están presentes para todos. El lenguaje de las personas conoce una extraña mutación y sólo son reconocidas como válidas las promesas que se presentan como intimidación. Cuando a amenaza es lo único que se puede creer es como si se disolviera el resto del lenguaje; el momento más intenso de la injusticia".

54 Séjourné, 76.

55 Domingo Llanque Chana, *La cultura aymara, Desestructuración o afirmación de identidad.* Lima: Tarea, 1990, 113-114. Es necesario el diálogo al interior y siempre aparecerán las razones del por qué se presenta. Llanque nos da el ejemplo de esta realidad: "El grupo joven de los participantes, en especial los que cursaban la educación secundaria, objetaron que los aymaras ya no deberíamos continuar creyendo en supersticiones y que en cambio deberíamos tecnificarnos y actuar con conocimiento. Afirmaron que seguir creyendo en las cosas que los *Yatiris* estaban afirmando era optar

Recordemos los distintos roles que se dan en una misma entidad, individual o pueblo. Cuando preguntamos, el preguntar puede corresponder al papel del intelectual, y quién responde a las preguntas, el pueblo. Sin embargo, también el pueblo interroga, y el intelectual responde.

Al aproximarnos a la mazorca de maíz descubrimos que no hemos profundizado en la relación cultural lo relacionado con la religión y sus implicaciones entre los pueblos, en especial las consecuencias de la aproximación histórica y actual de la religión cristiana a los pueblos indígenas.

Es importante una mirada a la experiencia en especial durante el siglo XX en el cual, siguiendo a Nugent, hay que entender que muchas de las cosas que tenemos como representaciones de "lo antiguo" son construcciones simbólicas del siglo XX, que han adquirido un sentido colectivo a partir de estos años.[56] El enriquecimiento de la condición humana pasa por el hecho de volver a preguntarnos por las sendas antiguas, de preguntarnos existencialmente, para orientar el futuro con este presente que queremos construir como lo es el caso de una aproximación al conocimiento del otro.[57] No se puede ir a algún lado, sin la noción de dónde venimos.[58] Nuestro cuento nos indicará algunas ideas.

---

por la ignorancia y el atraso de nuestra sociedad. Los *Yatiris*, sin alarmarse respondieron, y lo que es más interesante, enfatizaron la diferencia existente entre los aymaras y los no aymaras... 'uno nace aymara y no se puede dejar de serlo'...".

56 Diego Irarrázaval, *Inculturación. Amanecer eclesial en América Latina.* Lima: Centro de Estudios y Publicaciones (CEP), 1998, 12.

57 Nugent, 10.

58 Ibíd. "Esta escisión produce diversas clasificaciones de las personas. Unas son "las antiguas", que son objeto, se de desprecio ilimitados, o de extrañas filantropías que las reconocen como conmovedoras... colecciones

## VOLVER A APRENDER

Un hombre decidió vivir en una comunidad indígena para conocer y aprender. Le contaron de la sabiduría de un anciano y sin más pudo llegar a su casa. La puerta estaba abierta y en la entrada había una butaca y al fondo dos hombres sentados uno frente al otro, mirándose sin decir palabra alguna. Cuando lo vieron, uno de los ancianos se levantó, se le acercó y le preguntó, "¿Cuál es el motivo de su visita?" El visitante dijo, "Quiero hablar con el sabio, para que él sea mi maestro". "Muy bien," contestó su anfitrión. "¿En qué más le puedo servir?" Y se quedó cerca del visitante. Aquel visitante no le dio importancia a su interlocutor. Después de un buen rato, dijo al anciano, "Veo que el sabio está ocupado, volveré mañana". "Muy bien, mañana le diré que sí". Se retiró el hombre inconforme porque consideró que el sabio y viejo era un orgulloso, porque no se dignó en salir a su encuentro.

Al siguiente día volvió el visitante. El mismo hombre le salió a su encuentro. "¿En qué le puedo servir? Dijo el visitante, "Ayer le pedí favor en preguntar al anciano si me acepta como su alumno. Aquí estoy, quiero saber si le dijo al sabio". "Sí cierto, así es," le contestó su interlocutor. "¿En qué más le puedo servir?" Este visitante no le hizo caso,

---

de museo. Todo va bien mientras las acciones y sensibilidades de esa gente queden entre las cuatro paredes del exotismo historicista. Y los otros, los que no son "antiguos", no es que se vean a sí mismo necesariamente como "modernos". Simplemente, son "la gente". Es decir, quienes tienen derecho que son derechos −y no costumbres ancestrales-; quienes tienen religiones que son religiones −y no alucinaciones milenaristas-, quienes merecen vivir porque merecen vivir y "los antiguos", como son tan autoritarios, quien sabe si les gusta vivir". Pero no sólo ha habido esto, afortunadamente. Este siglo también ha sido una búsqueda para reconocer y descubrir la aparición de nuevos tipos de hombres y mujeres que permiten enriquecer la condición humana.

levantó el tono de su voz y dijo, "Quiero que le diga al sabio que me tenga consideración, ya dos veces que vengo y no sale a recibirme". "¡Aja!" respondió su anfitrión, "Le diré. "¿En algo más le puedo servir?" le dijo al extraño. "Sí," dijo el inteligente hombre, "quiero hablar con el sabio personalmente". "Bueno, personalmente, ¿en qué más le puedo servir?" le volvió a decir el anfitrión. Molesto el visitante, dijo, "No quiero hablar contigo, sino con él," y señaló al otro anciano, sentado en su silla. "Ah, bueno, si puedo servirle en algo más, estaré a su servicio, señor". Se retiró y se levantó el otro hombre y se encaminó hacia él.

El visitante se puso contento, y con un suspiro dijo, "El hombre sabio me hizo caso". Sin más, le dijo, "Quiero ser su discípulo y usted mi maestro". El anciano le respondió, "Lo siento mucho, señor, eso no lo puedo hacer". Levantó su brazo, señalo al anciano que le había atendido antes y le dijo, "Si él no estuviera, podría ser, pero mientras él viva eso no será posible". Aquel visitante se sintió decepcionado y molesto. Antes de marcharse preguntó, "¿Cuál es la razón del por qué no me acepta como discípulo, sólo si ese hombre estuviera muerto?" El anfitrión se puso serio y le dijo, "Le ruego, señor, respeto; ese hombre es el maestro".

## Deshojando el cuento

Quitar la última hoja debe hacerse en doble vía: mientras nos vamos quitando de nosotros, al mismo tiempo nos aproximamos al otro. Esto es lo que lleva al verdadero encuentro: apreciar lo que se tiene y lo que se encuentra. Pero en la aproximación, estamos acostumbrados a relacionarnos de cierta manera, en la cual están presentes los valores, espacios y tiempos asignados para unos y para otros. Por lo tanto, poco nos percatamos de pequeñas diferencias que harán una revolución en nosotros. Cuando llegamos con el otro, debemos estar claros de dónde venimos.[59] En algunas comunidades el alumno no puede atender a los visitantes, sino el "titular", anciano o maestro, médico o consejero. Al desconocer esos códigos, podemos desperdiciar el encuentro, como sucedió con el hombre del cuento. Los valores son los mismos (respeto, humildad y justicia), y se cultivan, se aprecian y se impulsan según el contexto. En el prólogo al libro de López sobre valores, presenta uno de los obstáculos por superar, la adecuación de los valores éticos en nuevas circunstancias. [60] Es más, López indica que es importante observar detenidamente los valores en el desarrollo de la convivencia para evitar errores.[61] Considera que estos errores pueden hacer de la experiencia una aproximación muy incómoda. Es en la experiencia y práctica de los mismos que uno u otro toma fuerza y evidencia las diferencias de culturas y conocimientos. La tarea no es nada fácil, pero es un principio ético que se debe tener en cuenta antes de cosechar, como nos dijo el campesino al inicio de este capítulo. Sin haber experimentado el quitar las hojas con las manos, no se puede apreciar el valor del producto, en este caso, los valores que fortalecen las relaciones.

Es una labor ardua, porque quitar la última hoja es estimar al otro como nos estimamos a nosotros mismos. Así se ha dicho en tiempos antiguos en muchas culturas y también lo aconsejó Jesús. No se puede desechar un valor de uno mismo ni de nadie sin pasar por el barro de la experiencia de las relaciones. De esa manera se comprenderá en su más profundo sentido.

---

59 M. y G. Debesse, *Historia de la pedagogía –I Antigüedad –Edad media – Renacimiento*. España: Ed. Oikos-Tau, 1873, 11.

60 Alfonso López Quintás, *El conocimiento de los valores*. 3ª edición Estella (Navarra): Verbo Divino, 1999, 9.

61 Ibíd.

Vivir con el otro, como dice Freire, es un esfuerzo educativo permanente que lleva a la libertad.[62]

El proceso de deshojar y deshojarse nos permite entender la importancia que tienen los valores de libertad y justicia para cultivar la convivencia. ¡Ahora tenemos el producto en nuestras manos! ¡Este producto somos nosotros mismos! ¡Deshojar es despojarnos de los vestidos culturales que nos separaban. ¡El nuevo vestido confeccionado con los valores nos delata cual somos, imagen y semejanza, armonía y plenitud del universo! En la aproximación, ambos nos descubrimos como semejantes, con oportunidades, potencialidades y debilidades. Es la obra de una humanidad o humanización, como dice Freire. Aportamos un nuevo sentido de comunidad. En ese proceso político de aproximación y de deconstrucción de lo que somos en el encuentro develamos los valores como producto fundante para una relación genuina cuyo horizonte es la humanización. En ese proceso surge la capacidad de admirarnos o de asombrarnos con lo que vamos conjuntamente construyendo.

## 3. Conclusión

Los cuentos nos han ayudado a comprender lo que sucede en la aproximación, en la cual los desafíos se superan y la diversidad se torna riqueza.

La observación de uno mismo se hace posible en la aproximación con el otro y a la vez nos permite poner límites en el encuentro. Es agradable el resultado si hay reglas claras en la aproximación y si proponemos el cuidado propio y del

---

62 Paulo Freire, *Pedagogía del oprimido*. Traducción de Jorge Mellado. México: Siglo XXI, 1970, 31.

otro. Una buena observación permite un diálogo en el que se comunica, se aprende y se enseña. ¡Es la belleza que cautiva! No basta la buena voluntad, sino la poción de convivir en medio de los desafíos y las diferencias. Es una exigencia estar en la disposición de iniciar el diálogo, con la esperanza de encontrarnos con la totalidad de nuestro ser a través de la totalidad del otro. El aprender juntos es una necesidad impostergable para que la justicia florezca.

# DOS
## Descubriendo
## conocimiento y cultura

## 1. Conocimiento y cultura, esencial para la vida

En este segundo capítulo seguiremos deshojando y deshojándonos al introducirnos en el ambiente que emana el deseo de pensar y crear. Aunque en nuestro medio académico, se considera que lo dominante es conocimiento y lo dominado se descalifica y queda en la sombra,[1] también estamos conscientes de que los conocimientos que llegan a estar juntos no pierden su particularidad, su especificidad, su diversidad. Es a partir de la relación intercultural e interpersonal en que nos enfrentamos a la relación de conocimientos y todo es en proceso continuo.[2] Aquí vamos a compartir nuestra experiencia, que es posible,

---

1 Varios. *La interminable conquista. Emancipación e identidad de América Latina 1492-1992. Ensayos, Diálogos. Poemas y Cantares.* San José: DEI, 1991, 13.

2 Raúl Fornet-Betancourt, *Hacia una filosofía intercultural latinoamericana.* San José: DEI, 1994, 12.

como dice Panikkar,[3] bajo el entendido que es diferente. Es el intento en deshojar y mostrar los desafíos y los desencuentros que se han presentado en nuestro acercamiento. Este acercamiento tiene el sentido de compartir y aprender. Compartir es un desafío porque se hace necesario deshojar nuestros prejuicios que se presentan; nos asaltan las dudas y temores sobre la relación entre lo que consideramos superior e inferior. Los aspectos que de alguna manera nos parecen fundamentales, luego nos damos cuenta que sólo le hemos dado un significado instrumental.[4]

Básicamente tenemos cinco aspectos iniciales por deshojar: la apertura o llegada, la aceptación, la ampliación, la autorización y la libertad. Notamos que son fundamentales porque permiten vernos a nosotros mismos, con la potencia para el intercambio. Estos aspectos admiten el cauce que conduce al fortalecimiento mutuo en lo sociocultural, religioso, político y de aprendizaje. La afirmación de estos aspectos en la práctica consolida el intercambio de la experiencia de vida, que es lo que compartimos.

## Deshojando la llegada

La llegada nos da dos posibilidades, de abrir o cerrar el intercambio, porque nos acercamos a prácticas distintas. Sin embargo, todas contribuyen o buscan fortalecer la vida, hecho sentido por cada persona y pueblo. Esta llegada debe afirmar la relación basada en el respeto. Las personas participantes son ejes que reciben y emiten sus experiencias en igualdad de importancia. Es de estar seguros que ninguna llega o está para

---

3 Raimon Panikkar, *De la mística; Experiencia plena de la vida.* Barcelona: Herder, 2005, 141-142.

4 R Karl Popper, *El desarrollo del conocimiento científico. Conjeturas y refutaciones.* Buenos Aires: Paidós, 1965, 130.

conquistar ni ser conquistada; el ambiente es de intercambio. No se puede permitir considerarse conquistadora ni siquiera exploradora de otros mundos. El compromiso es compartir nuestro mundo, colocar al lado[5] de los otros mundos nuestro mundo. Los mundos que se interactúan hacen un conjunto. Debe de verse de esa manera, un conjunto,[6] para evitar los choques. Porque todo choque resulta ser violenta, lo cual ha sucedido en el pasado. No debemos repetir la experiencia de muerte sino la de la vida.[7]

## Deshojando la aceptación

La aceptación inicia con uno mismo. Es aceptarse con las limitaciones, los prejuicios y las contradicciones. Este es el trabajo primario que presenta dificultades. La concepción de la otra persona sobre nosotros es contra la nuestra, y posiblemente no ve absolutamente nada de lo que consideramos visibles. Aquí se implica más de lo que podemos aceptarnos de nosotros mismos, porque no parte de las mismas ideas, ni de los mismos intereses. Por lo tanto se darán las superposiciones de ideas, sentimientos, conocimientos y  prácticas. Nos parecerá más crítica que simple aceptación, porque no se basa únicamente en el conocimiento previo. No basta con las muestras de buenas intenciones, tampoco las impresiones primarias que marcan automáticamente un antes y un después. De modo que nunca podremos estar seguros acerca de cual aspecto sea más importante o más visible para las demás personas. Este es el desafío al que nos enfrentamos, en la manera de ser persona

5 Emmanuel Levinas, *El tiempo y el otro*. Barcelona: Paidós, ICE, UAB, 1993, 127.

6 J. Hessen, *Teoría del conocimiento*. 10ª edición. Madrid: Espasa-Calpe, 1966, 19.

7 Henri Lehmann, *Las culturas precolombinas*. Buenos Aires: Editorial Universitaria de Buenos Aires, 1987, 148.

del mundo de occidente, generalizar que todas deben tener la idea que todo se reduce a la experiencia individual, mis paradigmas y mis parámetros, como dice Panikkar.[8] Esto es lo que hace el encuentro con el otro, manifiesta una nueva dimensión de lo que somos. Es la razón por la necesidad del conocimiento de fondo de lo que soy y puedo ser. Este ya es un verdadero cambio, la manifestación en que son dos hojas que se van quitando. El compartir revela características particulares, porque el encontrarse y deshojarse propician el preguntar, a la vez el ser preguntado.

## Deshojando la ampliación

La ampliación es una decisión que se puede tomar o rechazar. El tomarla es la puerta para la ampliación y el rechazo es quedarnos con lo que consideramos ser nosotros sin posibilidad de admitir un "puedo ser". Al aceptar la posibilidad de diversificar lo que somos, superamos lo que percibimos en un momento determinado. Tomamos nuestras ideas y las razonamos como generales y representativas y esenciales, y luego las emitimos como un juicio propio, adecuado y pertinente. Tenemos la costumbre de ubicar en dos áreas nuestra percepción de acuerdo a nuestros parámetros, buena o mala, en muchos casos sin posibilidades de variaciones.

## Deshojando la autorización

La autorización, en este aspecto, a menudo nos hace colocarnos en el camino "del callejón sin salida". Decidir entre dos aspectos importantes que se concatenan, me autoriza a verme

---

8 Raimon Panikkar, *La nueva inocencia.* Estella, Navarro: Verbo Divino, 1993, 145.

diferente con oportunidad de transformaciones. Esto hace desarrollar una actitud de autorización en las otras personas, verme convencido e inclinado hacia la transformación. La autorización procura el diálogo y no la discusión desde posturas recalcitrantes o actitudes defensivas. Cuando deshojamos las actitudes que limitan el diálogo, permite el desarrollo de la libertad.

## Deshojando la libertad

La libertad de ser persona aceptada y afirmada, de la misma manera que se auto-acepta y se afirma, da a entender su sentir en ser parte de una nueva comunidad. Ser parte de una nueva comunidad es una invitación, que a la vez nos exige una reciprocidad en las relaciones y da la libertad de ser y decir, pensar y desarrollar nuestras habilidades. Las relaciones y la comunidad se da en construcción permanente, tal que cada acción, cada intercambio de conocimiento es una propuesta que reconoce el proceso de que en todo intercambio hay posibilidades de recrear y crear. Excluye un posicionamiento recalcitrante o el de relativizar como mecanismo de establecer niveles de aceptación o de rechazo. El diálogo construye y anima al intercambio en reciprocidad de crítica y de aporte. Estos son los aspectos que se presentan y se deben tratar antes de llegar al hecho mismo de acompañar. Es un proceso con implicaciones teóricas y prácticas, personales y colectivas, sentimientos y razonamientos, la diversidad de formas de vivir la vida, la cultura, la cosmovisión, todos recursos a disposición, riqueza y belleza para el vivir. Se colocan a la vista y exigen ser considerados. Nuestro acercamiento a ver las situaciones, circunstancias o cosas como recursos, belleza y riqueza haremos con los cuentos.

## APRECIAR LAS FLORES COMO RECURSOS, RIQUEZA Y BELLEZA O ACAPARARLAS

Un hombre erudito quería mostrarse conocedor y hasta sabio. Vivía en una comunidad y quería darse a conocer como un anciano, porque se consideraba igual a un anciano sabio de la comunidad.

Un día el erudito fue al mercado, vio unas flores lindas y las compró. Luego vio belleza en otras y las compró. Otro vendedor, para no quedarse sin venderle, le rebajó el precio, así que aquel erudito se compró todas las flores de ese día. Vio al anciano caminar de un lado a otro, sin encontrar lo que buscaba. El erudito le preguntó, "¿Qué buscas?" El anciano respondió, "Busco flores, pero ya no hay más". "Ya compré todas y todas me sirven," dijo el erudito. Sin mutar, el anciano se sentó, observó las flores, aspiraba el aroma.

Reflexionando aquel erudito, tuvo la idea de preguntar cómo se sentía el anciano al no encontrar flores. El anciano no respondió a la pregunta. El erudito pensó en que tenía la oportunidad de dar una lección al anciano. No contento, volvió a preguntar, "Anciano ¿has tenido flores en tu casa?" Tampoco respondió. Su mirada estaba fija en las flores; disfrutaba de la belleza y del aroma. Confundido, el erudito le preguntó por tercera vez, "¿No cree que venir temprano sea una solución al deseo de tener las flores?" El anciano musitó gratitud a Dios por tanta belleza y aroma de las flores.

El erudito, para dar fin a su hazaña en haber logrado ser el primero en la compra de las flores, y que el anciano no tenía ninguna respuesta, volvió a decir al anciano, "No te preocupes, mañana podrás ser el primero en tener las flores". El anciano respondió, "¿Mañana? Ya no tengo necesidad de esperar el mañana, hoy también fui el primero. Disfruté tanta belleza y aroma de las flores, mientras tú disfrutabas de tu egoísmo, orgullo, vanidad y prepotencia".

## Deshojando el cuento

Nuestro cuento nos muestra que la sabiduría no es un fin en sí misma. Esto hace que el sabio no trata por ningún medio de darse a conocer como tal. Es su actitud frente a las distintas situaciones a las que se enfrenta. No hay un parámetro a seguir, tampoco unos principios a seguir, todo eso pasa por alto. El querer demostrar sabiduría es un acto que riñe con la verdadera sabiduría, porque no podrá producir transformaciones, ni permite la reciprocidad de entendimiento o comprensión sobre una situación determinada. El medio en que nos desenvolvemos nos permite dar una mirada rápida y constatar que muchas cosas pueden aparentar ser fruto de sabiduría. Estamos acostumbrados a estas acciones y pocas veces nos detenemos a observar los resultados que son poco convincentes, sin ninguna señal de sabiduría.

Dejarse deshojar por la sabiduría nos sacude desde los cimientos, y nos permite considerar que somos otro, y el otro no somos nosotros de ninguna manera.[9] Cuando somos sacudidos por las palabras o por las acciones desde los cimientos de nuestro conocimiento, es un buen signo. Los signos de sabiduría hacen que la persona quien emite o recibe la palabra o la acción se sienta estimulada a cambiar su manera de percibir, pensar y accionar. Considerar al otro sabio y compararse es una idea que no permite el desarrollo de la sabiduría genuina e ingenua. Ingenua en el sentido de ser clara, llana y directa, con su particularidad. No se puede pensar en una relación simétrica, sin la cercanía, por eso es importante deshojar el mero instrumentalismo.

93

En este cuento encontramos que la falta de sabiduría o la presencia de la misma no está en haber comprado todas las

---

9 Levinas, *El tiempo y el otro,* 127.

flores. Es el obstáculo que ponemos para el acercamiento, porque el comprador de las flores establece que todas las ha comprado porque todas le sirven. En muchos casos nosotros proponemos respuestas a preguntas que no nos han hecho. Al analizar el abismo, se abre cada vez más con las preguntas, por un hecho que necesita cierta comprensión, como lo es el silencio del anciano. El silencio cobra fuerza e importancia y provoca incomodidad en las personas que esperan respuestas inmediatas. El silencio revela lo fundamental y lo accesorio en la convivencia. Es decir, el silencio deshoja, hace notar las diferencias funcionales entre lo fundamental y lo accesorio. De esa cuenta aparece la designación de lo bueno contra lo malo o viceversa. Esto hace entender las pautas culturales y la costumbre, lo cual crea la tensión, que dará como resultado las expresiones o acciones que manifiestan lo extremo.

Por la manera como trata el erudito de debilitar al anciano, evidencia la diferencia entre la razón en que las flores son recursos que se ponen al servicio o el hecho simple de acaparar. Es la manera como se trata de mostrar un criterio que permite describir la diferencia y revelar las intenciones. La crítica que podemos hacer de esta situación es la habilidad con que la sabiduría aparece y demuestra que hay otra forma de conocer o de ser conocida.

Haberse deshojado, la sabiduría fluye, no se puede acaparar, es mutable ante diferentes desafíos. Por eso el anciano con su silencio desestabiliza a la mente que se ocupa en responder. No necesita alistarse para una competencia, se adapta y se hace saber. Lo que si acontece es que la sabiduría se somete a toda prueba de razón, porque se hace razón. Manifiesta el valor de las realidades en cuestión. Somos los humanos que, con nuestra inteligencia, interés y conocimiento, definimos una realidad en detrimento de otra. Cuando interviene la sabiduría es capaz de revelar la relación, la diferencia y los contrastes.

Algunos aspectos, actitudes o hechos quedan desprotegidos, como el caso del comprador de las flores que acapara las flores, con el error de todo ser humano de decirlo literalmente, la intención en pretender adelantarse y mostrar la supuesta ventaja. En realidad el anciano no tuvo las flores de ese día, sino que aprovechó el tiempo para disfrutar de su belleza y aroma. Es una manera de vivir el momento, ante la escasez o ausencia, la contemplación suficiente es un acto de sabiduría. Esta sabiduría revela dos maneras de vivir y una supera la otra, pero esto no es posible sin la existencia de las flores, tanto el acaparar como al contemplar. Podríamos decir que uno es más de capricho y la otra es sacar el máximo provecho a la oportunidad. Debemos estar claros en que no es aceptable pensar en la derrota de unos frente a un hecho de egoísmo.

El haber realizado la compra no representa ningún problema, sino que es la intención, que, aunque esté oculta, sale a luz, sea para vergüenza o para el compartir colectivamente. En las relaciones con el otro no siempre se puede pensar de manera lineal. Siempre es de considerar que están presentes otras maneras de desarrollo de pensamiento. Es importante reconocer que, junto al pensar con sabiduría, hay también una actitud sabia, que hará la diferencia de unos con otros.

El cuento nos coloca frente a una contradicción: el tiempo que el anciano invierte para contemplar las flores y el tiempo que derrocha el erudito para erosionar la manera de vivir del anciano, a quien considera un adversario. Es importante estar alertos si invertimos el tiempo o lo derrochamos, que es la razón de convivir con intensidad. Todos los recursos que nos rodean son para contemplar la grandeza de Dios, nos enseña el anciano. La concepción del anciano nos acerca a desarrollar una idea creativa, lo que nos manifiesta el cuento, que el anciano no logró comprar, pero disfrutó el momento que tuvo la oportunidad de estar cerca de las flores. Se sentó, concentró su atención en la belleza y aroma a su disposición, sin haber tenido la oportunidad de comprar. Dedicó su valioso tiempo para aprovechar la oportunidad, poco tiempo pero con calidad en la relación con las flores. La contradicción puede darse en el caso de tener las flores por más tiempo y poca dedicación y el aprovechamiento de esa presencia efímera.

Es de aprender la importancia de disfrutar la presencia de las cosas, como es el caso de las flores, pero también la utilidad que se le da la calidad, del tener y del hacer de las cosas el mejor recurso. Tal parece que la belleza externa se complementa con la belleza interna. El problema aparece cuando un individuo define el recurso por sus intereses particulares. La diferencia en tener las flores sin disfrutarlas y el disfrutar aún sin tenerlas, en nuestro cuento es elocuente. El disfrute es una fuerza interna y que potencia al ser humano. Es un impulso que hace notar la individualidad de las personas en lo que hacen y en lo que dicen, concentrado en el conocimiento. Las acciones identifican y diversifican esa identidad en el contacto con el otro.

Encontramos que la riqueza de la imaginación que producen las flores es enorme y es una situación cándida, que viene a darle un nuevo sentido, un nuevo enfoque a lo que conocemos, comprendemos o practicamos. Cuando se unen los conocimientos con la imaginación, fundan una nueva idea, que es la razón del por qué es preciso comprender en que la diversidad potencia. Porque esta es la razón del camino de la vida: al caminarlo, hace descubrir el sentido de la sabiduría que está al servicio de los demás. Es importante en nuestro medio hacerse ciudadano de una manera de ser y estar junto y con el otro y así considerar que las diferencias son constitutivas de enseñanza y aprendizaje.

La belleza está presente y la manera en como nos acercamos a ella es lo que nos permite disfrutarla. La admiración es fundamental, como nos enseña el anciano. Queremos hacer una analogía de esta enseñanza de cuento con nuestra experiencia con los grupos de estudios en los distintos pueblos indígenas.

Esto es lo que hemos aprendido durante estos cinco años al acompañar el proceso de ser y descubrirse como pueblos diferentes, concretos y con experiencia de vida. No se puede reducir a alguna cuestión de interés, sea esta religiosa, ética o social, porque todas esas y muchos otros aspectos se hacen presentes y forman parte de la vida. Los pueblos Quechua-Kichua, Aymara, Wayu, Maya, Mayangna, Misquito y Yanesha, para mencionar algunos con quienes hemos trabajado, al igual que el anciano, han invitado a ver que la relación debe ser integral y de manera orgánica.

No se trata de reducir a lo que a una persona le venga en gana hacer sino que exige tomar la disposición de reestructurar nuestros condicionantes mentales. Panikkar critica el desarrollo del narcisismo del conocimiento que se ha instalado en el mundo occidental y que debe superarse en distintos niveles, pero en particular en lo cosmológico y psicológico.[10] Es importante tomar en serio que hay una dirección en doble vía entre el conocimiento y las relaciones. El conocimiento no se puede enriquecer sin las relaciones y ninguna relación es sin conocimientos. Toda producción de conocimiento o de relaciones humanas es un recurso, es una riqueza y a la vez es belleza. La convivencia con todos estos elementos es natural; lo que hace diferente es el proceso de apropiación. El núcleo de estas cosas se hace esencial para el humano, de manera diversa y espiral, que se diversifica, se intensifica y se hace más

---

10 Panikker, *De la mística,* 145.

asequible para la comprensión en la experiencia de vida. Los intentos en suprimir el encantamiento de la belleza, el recurso y riqueza que representa la experiencia del otro, genera varios problemas, porque rompe con las relaciones; la comunicación se fragmenta; el entendimiento se obstruye. Lo que hace la exaltación al entendimiento propio, como bueno y verdadero, convierte a los demás en extraños, negativos o deficientes. Cuando esta situación se presenta, es la manifestación de un entendimiento monocultural[11] del mundo, cosa que es negativa, errónea y perjudicial, pero es el modelo que más conocemos y practicamos. Panikkar hace una crítica muy severa al entendimiento en el mundo europeo. Aquí es donde se inicia el uso de la violencia, porque se intenta convertir todo a su manera de pensar y de ver las cosas. El referente es uno nada más, por lo tanto se hace mono comprensión. Es la razón del por qué se considera a lo que otros producen, y a los mismos productores catalogados de inferiores, malos.

Acotamos en que los conflictos no necesariamente están en las demás personas, sino que inician en nosotros mismos, porque la diversidad es exigente e interroga. Las singularidades de cada pueblo despierta el rechazo, porque la diversidad produce conflicto en una experiencia monolítica y fragmentada. Este es el ejemplo claro de la necesidad de una homogeneización, que se fuerza y se fundamenta en una experiencia exclusiva y particular. Para dejar claro, no estamos con la idea de que todo vale, todo es bueno, todo se debe aceptar, No, la idea es el discernimiento de lo bueno que realmente sea un recurso, una riqueza y una belleza disponible para la vida de muchos que se acercan, donde los participantes se hacen notar y sentirse representados en el nuevo conocimiento. Lo que hace posible este conocimiento que le llamamos nuevo es que nos descubrimos o nos deshojamos mutuamente en lo cotidiano.

---

11 Ibíd., 303.

## 1.1 Descubrirse desde lo cotidiano

Las realidades en que estamos inmersos son complejas. Así se revelan y por eso aceptamos unas, olvidamos u ocultamos otras, intervienen o influyen otras. Siempre el flujo de realidades está presente y nos impregna. Está entretejidas en lo que hacemos, conocemos y aprendemos, por lo que cobra sentido en el intercambio. Para ejemplificarlo tenemos este cuento.

### La respuesta de Dios

Un hombre muy devoto vivía en una casa, alejada de una aldea. En la época de lluvia aquellos habitantes sufrían, pero se les notaba alegría. Otros tiempos, sin cosecha porque la sequía se hacía presente, sus cultivos no prosperaban, pero los habitantes manifestaban tranquilidad y vivían con lo poco que cosechaban.

Un día el hombre devoto se les acercó para preguntarles por qué se mantenían contentos a pesar de las dificultades que pasaban. Los aldeanos le dijeron, "Dios nos ayuda, siempre Dios nos ayuda". Lo que hacían era, si llegaba una situación difícil, rezaban, en momentos agradables, rezaban. Este hombre no daba crédito a lo que miraba: esas familias vivían con pocas pertenencias y con mucha calma. "Estoy preocupado por ustedes", dijo el hombre devoto. "No te preocupes. Nosotros vamos a estar bien", le respondieron los habitantes. En su rezo incluyeron a ese hombre para que no se preocupara por ellos, pero si, se preocupara por él.

La época del invierno llegó con muy fuertes lluvias. Llovió hasta dos semanas tal que el agua cubrió sus plantaciones y las de aquél hombre también. Ellos rezaron y dijeron a Dios, "Dios nos has dado esta cantidad abundante de agua que destruyó toda nuestra cosecha. No lo ha hecho por odio, ni por rencor. Ahora tenemos tanta agua y te pedimos que nos ayudes a tener buenas ideas para aprovechar este recurso que nos has dado en abundancia.

También aquel hombre salió y, al ver que todo su terreno cultivado estaba cubierto de agua, se puso triste y lloró. Sintió el deseo de maldecir su vida, y el agua por todo el desastre. No miraba nada extraño en sus vecinos que vivían cerca. Se dijo, "Esos indígenas están locos, se quedarán aquí, donde no hay vida. Yo no voy a invertir más recursos porque no se saca ninguna ganancia".

Antes de retirarse se fue a despedirse de algunos de sus amigos. Dijo, "Antes que me vaya, quiero saber si alguno de ustedes quiere acompañarme y yo le daré donde vivir". La gente agradecía y le decía, "Ve en paz amigo, ve en paz. Dios sea contigo y también sea con nosotros". Agregó el hombre, "Quiero saber ¿por qué no les preocupa que no haya cosecha? ¿Puedo saber qué van a comer de aquí en adelante? Yo estoy frustrado y ustedes, veo que nada les preocupa". Un anciano le dijo, "Amigo, sabemos de tu preocupación, pero cuando nuestros padres fueron expulsados de sus hogares por tus parientes antiguos, pedimos a Dios que no nos diera odio, sino un lugar donde nadie nos molestara, y nadie nos ha molestado hasta la fecha en este lugar. Desde entonces hemos escuchado la voz de Dios de manera estruendosa: 'Estoy con ustedes, no se alarmen, porque yo estoy aquí con ustedes'".

Aquél vecino tuvo tanto temor que se alejó, mientras que los habitantes de aquel lugar tomaron su tiempo y se pusieron a rezar. Mucho tiempo después, aquél hombre volvió a la comunidad y la gente estaba contenta, con nuevos cultivos, y habían prosperado. Les preguntó, "¿Cómo lo han hecho?" Le respondieron, "Sólo hemos trabajado y rezado, y el resto lo ha hecho Dios".

## Deshojando el cuento

Como personas somos devotas a muchas cosas, pues tienen un trasfondo, una experiencia mezclada entre dolor y vida. No es un gusto el de enfrentar los peligros; nada agradable son las vicisitudes que aparecen, y es de sopesar entre la experiencia anterior y la nueva. Aquellos hechos negativos que son causados por el ser humano están cargados de odio, pero los que son producidos por la naturaleza son oportunidades para sobrevivir y pueden constituirse en una palanca para mejorar.

Es notorio que aquel vecino estaba preocupado por los demás, sin verse a sí mismo. Es una manera natural entre los humanos que se constituye en un peligro porque podemos perder de vista lo propio. Nos ocupamos por ver el bien del otro pero esa preocupación sólo por el otro desplaza lo integral de la vida y nos enfocamos en los problemas concretos, que también hacen perder de vista lo que realmente es necesario. Nuestro juicio en muchos casos no tiene antecedentes históricos, y nuestra percepción histórica es desde nuestra ubicación dentro de ella, que puede ser diametralmente opuesta a la realidad que juzgamos. En muchos casos podemos caer en dar una medicina con resultados más desastrosos que la enfermedad que queremos erradicar.

Desde el programa indígena de la UBL, nos hemos acercado a los pueblos y tenemos experiencia concreta y particular con cada pueblo. Hemos disfrutado de la libertad para intercambiar sin presiones ni prejuicios. Iniciamos el trabajo desde 2005, que ya son ocho años de trabajo, de aprendizaje y de compartir. Después de trabajar con los distintos grupos, obtuvimos expresiones liberadoras como éstas: *"Hay libertad en nosotros mismos. Cuando te conoces a tí mismo es algo que te hace suspirar y te sientes descargado, sin opresión."*[12]

101

---

12 Memoria del primer curso en Huancayo, Perú, SEBITEM, 13 de noviembre de 2005.

Así hemos trabajado con libertad, con ánimo, con momentos agradables. La calidad del conocimiento se va descubriendo, pero no nos hemos quedado solo en ese entusiasmo del momento, sino que se le ha dado seguimiento en muchas áreas de su vida. Nancy Palomino dice al respecto:

> *"Nunca voy a olvidar lo que aprendimos, porque siempre que me pongo un poco triste, recuerdo que yo misma he dicho que soy importante y tomo tanta fuerza porque tengo muchas habilidades, así es como sigo adelante."*[13]

Compartimos con toda claridad las palabras de las personas que participaron en los cursos del nivel IBP. Lo hacemos porque esperamos que tengan la vivencia desde las palabras, los pensamientos y las contradicciones que encontramos. Es la razón del por qué abrimos este capítulo con dos conceptos, conocimiento y cultura, que se funden uno en el otro. No lo definimos así, sino que así lo vivimos. No lo interpretamos sino que son los fundamentos que nos guían en las relaciones y la comprensión de la vida del otro que es diferente a la de nosotros.

Vale la pena considerar que el acercamiento con diversos conocimientos es un aspecto que atraviesa toda la experiencia de vida y con lo que se construye la cultura. En cada encuentro las situaciones de mayor trascendencia se van descubriendo. De aquellas que se han mantenido en la mente por ser desagradables, se van descubriendo que no pueden tener mayor poder sobre nosotros, a menos que les demos el espacio que no merecen tener.

---

13 Nota personal, diálogo en casa de Nancy Palomino. De paso en Villa Rica, Junín, Perú, para visitar Puerto Amistad, la selva adentro en julio, 2010.

Para el acercamiento tenemos cinco momentos: el acercamiento, el intercambio, la aceptación y ampliación de los conocimientos previos, el compartir y la libertad.

## El acercamiento, momento de llegada

Con todas las precauciones llegamos a las comunidades a los grupos de trabajo. Escuchamos a todas las personas: las que toman decisiones sobre el trabajo, las que ejecutan y las que participan en su desarrollo. Es parte de poner atención y esperar el descubrirse desde la cotidianidad.

Nuestro cuento anterior nos ayuda a vernos en el vecino (espejo) que no entiende qué pasa con esa gente que no ve la realidad que nosotros vemos. En otro momento nos identificamos con ese pueblo indígena que sabe por qué está en ese lugar y qué hace en los momentos de mayores desafíos. Sabemos que nos enfrentamos a nuevas y distintas experiencias. Es una mezcla de inicio, proceso y culminación, y así iniciamos con cada comunidad indígena con quienes trabajamos en América Latina. Siempre nos encontramos con variadas realidades, algunas conocidas, otras desconocidas totalmente. Para compartir estas experiencias hemos elaborado un cuento basado en las prácticas y realidades de estudiantes, de las personas de la calle y de los funcionarios de instituciones educativas, mezcladas con percepciones, emociones, entendimientos y caminadas de la vida. En términos generales es lo que hemos aprendido en este acercamiento con otra cultura, otro pueblo y otras personas con experiencias y prácticas en proceso. Es un verdadero encuentro de diálogo. Para nuestra comprensión he aquí a manera de cuento el auténtico conocimiento sobre los demás.

## AUTÉNTICO CONOCIMIENTO

Cuentan que, en un país lejano, una maestra de un centro de estudios pensaba que conocía bien a todos sus discípulos. Dio una amplia explicación, con detalles, sobre cada uno de sus discípulos, y sentenció que era un auténtico conocimiento. Le parecía que su conocimiento sobre ellos partía de un análisis exhaustivo del comportamiento de cada uno. En su caja guardaba celosamente las fotos de cada discípulo y mostró una por una, con las virtudes y debilidades de cada uno. Comenzó diciendo, "Este discípulo es joven, muy habilidoso y yo le veo un gran futuro. Con éste hay que tener cuidado, pues ya es viejo. Quien sabe si dejará trabajar con tranquilidad". Siguió con la descripción, "Este otro discípulo es muy serio, buena gente pero muy serio. Este otro, le gusta estudiar, no se espera mucho de él, le falta mucho, pero aquí damos oportunidad a todas las personas". Señaló otra foto y dijo, "Esta mujer está en el inicio, por lo tanto no la conozco mucho como los otros. Este último si es un fundamentalista". Cayó el sol de aquella tarde y se concluyó la reunión con toda la descripción sobre cada uno de los estudiantes.

Llegó el día de la capacitación y todos se reunieron. Se pusieron las reglas del curso: primero es compartir, segundo es compartir, tercero es compartir. Compromisos: aprender de nosotros mismos; para eso, cada uno compartirá sus conocimientos y sus experiencias. A aquellos discípulos les parecieron bien las reglas. Se llenaron de sonrisa, de vida y con deseo de iniciar. Ya en el desarrollo, la facilitadora del curso esperaba cuándo aparecerían esas cualidades limitadoras que había comentado. Pasó el tiempo, y aparecieron esas descripciones hechas sobre ellos, con la diferencia en que todos eran habilidosos. También eran cuidadosos, personas muy serias en realizar sus trabajos, hombres y mujeres con ánimo. Aprendieron y se conocieron, más y más, de manera fundamental. ¿Cuál es el auténtico conocimiento?

## Deshojando el cuento

En nuestro cuento encontramos el elemento importante que es el conocimiento que consideramos que tenemos de las personas, de lo que hacen, de lo que dicen y hasta de lo que piensan. En esta realidad observada de lejos no se puede encontrar alguna diferencia o algún contraste que permita un nuevo conocimiento. No es desconfiar en el conocimiento que ya se tiene, sino de analizar que es solo un punto de vista. Hay otros y están presentes pero no son percibidos o considerados importantes. Esa es la razón del por qué es importante la llegada, el estar presente para conocer todo lo posible sobre las personas y como desarrollan sus acciones, sus pensamientos y sus conocimientos.

Uno de los aspectos que nos revela el cuento es la necesidad de escuchar bien, detenidamente y con mucha atención, para captar con interés otros puntos de vista. En la práctica no se trata de verificar lo que ahora conocemos. Solo es un punto de inicio. Pero lo que sí es oportuno señalar es la verificación de si escuchamos bien. Verificamos que los puntos señalados son precisos y reales.

Es importante conocer las cualidades; sin embargo, es de estar atento en que surgirán otras de una misma persona. No podemos quedarnos con que esa sea la única realidad; vendrán otras distintas. Los desafíos son: 1) quedarnos con el punto de vista que escuchamos, es decir con un punto de vista, 2) dejarnos llevar por las circunstancias que surjan, 3) dedicarnos exclusivamente a lo que sabemos y por lo que nos han invitado, sin importar las cualidades.

105

En el compartir se da la aceptación, tal cual es una y otra persona. Esto produce una serie de aprendizajes y de momentos en que se descubren unas maneras de ser y se amplían otras, cuyo proceso enriquece el conocimiento. Este es el conocimiento en construcción, que debe de darse en libertad para que afloren las distintas cualidades de las personas. No podemos adaptarnos a una sola manera, ni tampoco es posible adaptar a la otra persona a un sistema de pensamiento, porque siempre hay matices. Lo que sí es posible es adaptarnos al sistema de conocimiento de esa comunidad para interactuar.

Los pueblos indígenas no separan el conocer y la cultura, considerando que ambos aspectos tienen que ver con actitudes. Quien tiene conocimiento desarrolla actitudes coherentes y consecuentes con su conocimiento. Esta es la razón del por qué escuchamos las críticas en los distintos niveles en una comunidad.

Muy a menudo escuchamos: "¿Si estás estudiando, por qué eres ocioso?" O, "Si has estudiado, ¿por qué eres mentiroso?" También se escucha: "Si esos hombres han estudiado, ¿es para robar?" Es importante señalar que estas críticas son comunes en muchos pueblos. Entre los pueblos andinos hay tres leyes fundamentales, "no robar, no mentir y no ser ocioso".

Una realidad que hace comprender el conocimiento existente en los pueblos es el sentido de las palabras que transmiten sabiduría y se acompañan de actitudes. Es obvio que la ignorancia manifiesta confusión y un actuar ambiguo. Es de esperar que del conocimiento todo lo que se hace sea innovador y tenga fuerza para impulsar hacia delante, sin mayores complicaciones de una manera llana. Es lo que intentamos compartir en este capítulo. La manera sencilla de comunicar es producto del conocimiento, dicen los ancianos, y esto hace acercarse a los distintos pueblos. Esta es nuestra experiencia como Programa Indígena de la Universidad Bíblica Latinoamericana.

El trabajo es arduo, pero el camino que se ha hecho ya se hace notar. En el inicio del proceso se hizo la trocha. Estamos en el seguimiento de la trocha; otros vendrán y ampliarán el sendero trazado. Hemos encontrado afirmaciones y negaciones. En todo momento trabajamos con profunda humanidad, escuchando con atención, hablando con sinceridad. Tomamos el tiempo necesario hasta que afloren los conocimientos en los grupos de trabajo. Apreciamos cada palabra, cada gesto, disfrutamos de los dichos, valoramos las intenciones propositivas, damos espacio y tiempo a los procesos con respeto. Todas las ideas tienen cabida, aún aquellas de doble ánimo, de odio, de rencor. Si dejamos salir estas, aparecerán las ideas creativas, los sueños, con una clara diferencia entre las contradicciones y las de esperanza y vida. Entendemos que las malas ideas son producto de experiencias de muerte, dolor y violencia reprimida. Lo que se necesita es apoyo, porque la transformación de los conflictos interiorizados es posible con humildad. En todo presupone la transformación; si esto se da, aparece la necesidad de apoyar para el desarrollo de las potencialidades.

Nos vemos expuestos a las costumbres extrañas, pero nos mantenemos en un estado de alerta permanente, para percibir y aprender lo elemental que contribuye al diálogo. Lo importante es generar en cada sesión de trabajo una sensación de sensibilidad para ser envuelto por la vitalidad de la práctica local y mostrar siempre un interés por la vida de los demás. Esto hace superar los choques de los contrastes y de las diferencias.[14]

Al inicio con cada grupo de trabajo o pueblo con quién compartimos, lo hacemos con mucha responsabilidad en aceptar a cada persona tal como es, con sus inquietudes, sus

---

14 Hall, *El lenguaje silencioso*, 43.

preocupaciones, su creatividad y sus ocurrencias. La paciencia y la escucha con interés es capaz de discernir y de permitir que aflore la auto-exclusión cuando la actitud es la del conflicto. Dirigimos las sesiones con la firme convicción en que todo lo que va pasando y pensando contribuye a crear nuestra visión de futuro. Todas las presentaciones las aceptamos con su propia razón y lo que se comparte cobra poder para superar nuestras limitaciones. Es necesario un espacio para el apoyo mutuo cuando se abren espacios de compartir sufrimiento, dolor, odio o culpa.

Los momentos más difíciles en los grupos de trabajo son cuando se enfrentan con las ideas interiorizadas en que todo es malo, sea lo de afuera o lo de adentro. En caso de personalizar, se llega a decir que no sirven para nada, que son ignorantes. Tienen mucho tiempo de encontrarse con estas prácticas; se lee en la literatura; son parte de los contenidos de los comentarios de las experiencias de las personas ancianas, por lo tanto se escucha en la casa. En el caso de lo religioso, aparece siempre lo pagano como una designación. Con la práctica de la medicina tradicional, en tanto que es practicada como religión, los practicantes son etiquetados como brujos. No descartamos que sí hay brujos -aquellos que se ofrecen dañar la vida de las demás personas.

Con las ideas anteriores meditamos si son nuestras o las hemos oído y analizamos en qué nos lastiman. Así comenzamos a discutir y analizar hasta concluir que la idea que no es nuestra no tenemos por qué apropiárnosla. Así surge la idea de buscar otras imágenes que mejor representen nuestra manera de ser, con nuestras contradicciones.

Poco a poco descubrimos nuestros resentimientos, con razón o sin razón, sean aceptables o condenables. Hemos sido críticos a las causas y a las manifestaciones. Es en este sentido en que tratamos de comprender la diversidad y el desarrollo de las relaciones humanas, como dice Mills, de manera ordenada.[15] También pasamos a analizar las implicaciones de los hechos y las personas involucradas, las que producen esas desavenencias y que atentan contra la vida de las personas, tal como la culpa. Usamos este cuento, que nos permite ser críticos con nosotros mismos:

### CONOCIMIENTO O IGNORANCIA

Un hombre sabio fue a visitar a un pueblo lejano e indígena. En ese pueblo todo tranquilo, nada le parecía que le diera señal de vida. Se preguntaba si había alguna sabiduría en ese pueblo. Se encontró con un anciano y, sin más, le planteó su tormentosa duda.

"Señor, he estado muchas veces en este pueblo y tengo la curiosidad de saber si hay alguna sabiduría. Veo que a la gente nada le preocupa, pues hace años he visto que hace lo mismo".

"¿Quién eres?" preguntó el anciano. "Soy de otro pueblo", contestó el hombre. Añadió, "Soy un estudioso de las culturas".

"¿Tú, un estudioso de las culturas?" Se dibujó en el rostro del anciano una sonrisa burlona. "Con esa pregunta que me has hecho, pareces más un tonto que estudioso. Tu cara dice que no sabes nada". El hombre se sintió ofendido, sin dar crédito de lo que oía del anciano, que ni leer sabía. Añadió el anciano, "Seguro que además de tonto, se te nota más de confuso, hasta cobarde", de nuevo con sonrisa burlona.

Aquel hombre estudioso y sabio fue tocado en su orgullo,

109

---

15 C. Wright Mills, *La imaginación sociológica*. 3ª edición en español. México, D.F.: Fondo de Cultura Económica, 1969, 147.

se encendió de ira, comenzó a insultar y dijo, "Jamás un iletrado y de un pueblo de ignorantes me había dicho semejante barbaridad". Instintivamente el hombre afirmó, "Yo soy de un pueblo de sabios, de artes, de ciencia, no de un pueblo cualquiera como éste".

"¡Ahora si estás hablando como un verdadero engreído, tonto, confuso!" gritó el anciano. Aquel hombre comprendió que su actitud no fue la más correcta y eso valoraba el anciano. Se sintió avergonzado, pidió disculpas, escuchó en silencio. "¡Ahora si eres un estudioso y un sabio!" exclamó con gozo el anciano.

## Deshojando el cuento

En muchos casos nos identificamos con el hombre sabio que llega de visita. Por alguna razón, con nuestra actitud manifestamos ser diferente y desigual con el otro. Si lo que vemos lo sometemos a nuestro esquema mental, no tiene ninguna diferencia. A veces nos acostumbramos a los cambios bruscos en algunos aspectos y eso queremos ver en todas las áreas. En la cotidianidad los cambios se dan más pausados, por procesos lentos. Tampoco podemos definir una línea de la realidad explícita de sabiduría. Sin embargo, nuestro cuento nos indica que cada sabiduría ha sido cultivada en la cotidianidad.

Pero la sabiduría se alimenta del diálogo. Nuestro cuento en cuestión pone a la vista otras maneras de conocer al otro, formas de entendimiento; pasa por la experiencia de vida. Las ideas y conceptos que surgen son importantes pero no encierran su conocimiento en ellos; solo son guías para el entendimiento. Esto es porque todas las palabras y las acciones tienen un propósito que permite abonar la experiencia de vivir la vida. No siempre es el otro que nos desafía, sino que el verdadero desafío lo llevamos dentro. Ya está en nuestra articulación de ideas y conceptos, y lo que queremos es verificar. En nuestro cuento, esto es lo que refleja. Es decir, lo que necesitaba nuestro personaje estudioso, posiblemente, era verificar en la práctica su teoría, en que "no hay señal de vida, todo lo que estaba al alcance de sus ojos no daba signo de sabiduría." Es obvio que esperaba una señal de su sabiduría.

La mente occidental acostumbra cargarse de preguntas para verificarlas. Los conceptos tienen y están expuestos a distintas interpretaciones, como es el caso de lo "tranquilo" de nuestro cuento que es sinónimo de no vida, una vida que nuestro personaje sabio entiende como de despreocupación.

El otro, el anciano, tiene la libertad de expresarse de otra manera, diferente. Se puede elegir en escuchar lo que queremos, o volver a preguntarnos y encontrar una respuesta que nos permita avanzar en el acercamiento al conocimiento del otro, en la cotidianidad, desde nuestro quehacer diario.

Ser estudioso y conocedor son dos niveles distintos, que es la razón del por qué se hace imprescindible una actitud distinta, más cercana a la razón libre, sin condicionamientos previos, dialogante para enriquecer las comprensiones. Es lo que hace el anciano: "si eres lo que dices y me preguntas, te digo lo que no has dicho", para armonizar los conocimientos, que es el fruto del verdadero conocimiento. Porque no estar condicionado es ser feliz, libre y listo para compartir. Es importante llegar a considerar lo que significa el verse dentro de ese pensamiento, acción o conceptos renovadores que buscamos como el personaje de nuestro cuento.

## 1.2 Verse a sí mismos

Las ancianas y los ancianos en las distintas comunidades indígenas dejan escuchar y se hacen sentir. Se ven como camino de vida, como modelo para la comunidad. Pero hay otra forma de verse, como fin en sí mismo. Si esta opción se mezcla con el egoísmo, hay una degeneración, y si se mezcla con muchas otras acciones puede terminar en violencia.

Esta es la razón del por qué las personas con mayor experiencia consideran que está latente en distintos niveles sociales el peligro en que las personas se vean eternos en este mundo. Que con el encanto del dinero, la fama, el ser superior, cada vez demuestran con violencia o con sutileza su deseo de influir sobre los demás para provecho suyo. También está el desafío del peligro de aislamiento social que en muchos casos se manifiesta como violencia; en el extremo se colocan a las demás personas como enemigas. Al enemigo no se le tiene misericordia, no se acepta hacerle justicia y las relaciones no pueden ser sanas. Estos extremos degeneran el sentido de las relaciones y de la misma vida.

Para recorrer el camino del verse a sí mismo, hay que tomar el camino de la libertad, para lo cual hay que analizar, criticar y evaluar lo que hacemos. Es importante el verse y con esa experiencia acercarse a las demás personas. Esta es la idea central que se presenta en los evangelios, palabras colocadas en la boca de Jesús, de la necesidad de la honra a los mayores, luego el amor al prójimo, que es posible si te amas a ti mismo[16].

Esta es una manera de vivir la vida, especialmente basada en el amor propio para dar amor a las demás personas. No hay

---

16 Mt. 19.18. RV1995.

razón de vida sino el de amarse para compartir el amor por la vida. Para lograrlo tenemos el modelo de la vida misma, de la vida que se desarrolla con libertad.

Con esta idea tenemos el siguiente cuento que puede ayudarnos a ver la necesidad ineludible de ver hacia dentro.

### CONOCER LA REALIDAD, VIVIRLA O INTERPRETARLA

En una comunidad pequeña todos los habitantes se conocen. Allá por el año 1992 se celebró lo que llamaron "encuentro de culturas". Un hombre, de nariz ancha y bien vestido, quería congraciarse con las comunidades distintas a la suya. En una de las calles vio a una mujer remendando la ropa de su familia. El hombre exclamó y dijo, "¡pobre mujer!" Sacó su repertorio de consejos.

Con los primeros consejos la mujer le puso atención porque le parecieron bastante bien, pero luego no les encontró sentido; otros la hizo sentirse ofendida en su dignidad, porque la condenó de ser pobre, tal vez por no querer trabajar. Por último, mejor siguió en su actividad y solo respondía "aja, aja, aja" sin levantar la vista. En un arrebato el hombre le dijo, "Señora, míreme, yo creo que es mejor que usted compre una máquina para coser ropa. Así le queda tiempo para estudiar. En vez de remendar usted podrá elaborar vestidos nuevos para su familia".

Parecía que eso sí que le llamó la atención a la mujer. Fijó sus ojos rasgados y clavó su mirada en el visitante. Aquella señora movió la cabeza, y le dijo, "Señor, le agradezco mucho por sus consejos. Son ideas buenas, pero mi familia está enferma", y le preguntó, "¿Alguna vez ha tenido que decidir entre comer o dejar de comer por varios días junto a su familia, para comprar algo que no sea comida y medicina?"

113

## Deshojando el cuento

Las situaciones de miseria nos mueven las entrañas y aparece el deseo de solidarizarse. Querer ayudar está presente, es normal, es una actitud humana. En muchos casos rompe con las barreras sociales y culturales. El dar consejo es un desafío, pues podemos ofender la capacidad de toda persona para reflexionar por sí misma. El cuento nos muestra que es importante considerar que todo consejo se somete a la voluntad de la persona interlocutora.

Cuando se coloca un parámetro para identificar a la persona y su necesidad, este puede convertirse en un puente o en una barrera. En nuestro cuento vemos que hay una barrera: al calificar a la mujer de pobre, el código se estableció en la mente del hombre desconocido. Por lo tanto sus consejos los consideró los mejores, agradables para aliviar la situación de la mujer, buenos para superar la condición de pobreza. Se reduce toda la existencia de las demás personas a esa situación o condición con la que se le identifica. Cuando se extralimita se ve a la persona paralizada, incapaz.

El otro aspecto que podemos notar es que aparecen los consejos como lectura de alguna receta. Esto hace perder la seriedad de quien aconseja y del consejo mismo. No podemos visualizar que haya una razón en pensar que el hombre se ama tanto y que esa es la razón que lo mueva a aconsejar. Cuando nos acercamos a las demás personas nos damos cuenta que su conocimiento no es superficial de sí misma y de las situaciones y condiciones a las que se enfrenta día a día. Dos actitudes nos invaden: una es pensar que las personas que ven la situación tienen la respuesta adecuada y correcta, lo cual lleva a la otra, que hace anular el conocimiento y la capacidad de la otra persona. El genuino problema se puede diluir en ideas abstractas sin resultados concretos.

114

Las situaciones a las que se enfrentan las personas son más complejas que el hecho de que la mujer esté remendando la ropa. No se puede dejar de lado a la persona y su conocimiento. Ya de hecho pensar que quien remienda sólo se hace capaz si deja de remendar, se discrimina la experiencia de vivencia que ha tenido. No es sólo el remiendo sino cómo potenciar la capacidad de sobrevivencia. Por eso, no nos toca descifrar sino escuchar, comprender y apoyar la ruta que está por delante. Esto no se logra con la idea del ejercicio mental de compartir todo el repertorio de consejos. No es que sean malos, ni son destructivos, pero es notorio que es importante ser un buen sembrador para colocar cada consejo como una semilla en buena tierra para que germine. Es indudable que esto tiene que ver con el lenguaje que usamos. Aquí recordamos la idea de Panikkar: el lenguaje debe estar en condiciones para comunicar; si esto no es así las palabras pierden su sentido y su sabor.[17]

Todo consejero sabe de las bondades de su propuesta, pero que el consejo dé en la raíz de la situación es una verdadera hazaña, principalmente cuando esta comunicación se enmarca en contexto de encuentro entre diferentes culturas[18] pues se puede partir de que una cultura es inferior a otra y de ahí la necesidad de "aconsejar".

Nuestro cuento nos ilustra que cada uno conoce su realidad, pero el conocimiento es diverso; por lo tanto, aparece la división y esto no permite el encuentro con facilidad. La experiencia nos dice, sin embargo, que lo más pequeño puede abrir la puerta al mundo de la vida del otro. Siempre es importante comenzar por lo pequeño, lo más sencillo, lo más simple. Para ello tenemos nuestro cuento.

---

17 Panikkar, *La nueva conciencia*, 96.

18 G.W.F. Hegel. *Lecciones sobre la filosofía de la historia universal*. Madrid: Alianza, 1974, 171.

## 🌿 PEQUEÑO DETALLE, EXPERIENCIA GRANDE

Un anciano se apartaba y meditaba profundamente. Su lugar preferido para hacerlo era debajo de un árbol. Pasaba un extraño, lo vio y quiso hacer lo mismo. Buscó un árbol se sentó y quiso estar en silencio, pero no podía porque los pájaros revoloteaban, cantaban y también los mosquitos hacían lo suyo con su zumbido. "¡Afuera, afuera!" gritó el extraño a los pájaros y mosquitos. "¿Por qué me interrumpen en mi meditación?" Las aves siguieron cantando con más fuerza, como diciendo que también lo estaban haciendo a su manera.

Después de varios intentos sin lograr tener la calma y la alegría que había visto en el anciano, fue a buscarlo. Se acercó y le preguntó, "¿Cómo puedes meditar, buscar a Dios y estar contento sin sentirte molestado por las aves y los mosquitos? A mí las aves no me dejaron meditar, mucho menos buscar a Dios". El anciano respondió: "¿Cómo dices que buscas a Dios, y que quieres meditar si ni siquiera puedes sentirte unido al canto de las aves y al zumbido de los mosquitos?"

## Deshojando el cuento

La experiencia desde lo cotidiano es importante. Nada es mágico, nada está aislado, sino que se supone todo debe estar en armonía y sintonía. Nuestro cuento nos indica que el lugar no era extraño, sino el preferido. La preferencia es importante, pues debe haber sintonía entre el lugar y la persona que medita. Esto nos permite intuir que para el acercamiento al conocimiento del otro, debe haber cierta armonía.

Las experiencias del anciano y del hombre nos invitan a trabajar profundamente en nosotros. Para el anciano la experiencia de la meditación incluye todas las demás expresiones. El concepto que está en juego es la del silencio, interpretado por el hombre como ausencia de los demás. Al contrario, para el anciano es la integración de las expresiones existentes, en la cual el ser humano se armoniza con otras voces. Cuando no hay armonía aparece la frustración y el enojo. Es el inicio de toda desarmonía, que concluye en una declaración de violencia contra lo diferente.

El cuento nos ayuda a pensar que todo debe estar incluido en todo y que la meditación asume la capacidad de armonizarse con los demás, que es lo que llega a ser la meditación. Esto es posible si se tiene presente que somos seres para la comunidad. Esta comprensión es posible con el logro de verse a sí mismos.

Tal parece que el anciano también nos quiere decir que no es la desarmonía de afuera la que molesta, sino la falta de conocerse, de ver la totalidad de la cotidianidad y el verse a sí mismo como parte de ella.

El extraño y el anciano nos indican que hay dos maneras de comprender la búsqueda y la relación con Dios: en el silencio absoluto, o en la integración con todas las formas y voces alrededor. En el primero parece darle importancia al egoísmo. Cuando hay otras voces, interrumpen, por lo tanto el diálogo y la meditación se hacen imprecisos y vulnerables. Tal parece que la profunda meditación no es la solemnidad, ni la absoluta calma, sino la calma en la algarabía de los demás. En la multitud de expresiones se encuentra el sentido de lo profundo, que es lo que permite el desarrollo de la búsqueda y encuentro con el Creador y el otro, y es lo que diversifica el conocimiento.

117

Es preciso señalar también que el anciano nos indica que las voces no producen intranquilidad ni despiertan resentimientos, mucho menos actitudes enfermizas, sino que en el intercambio hay un horizonte abierto.[19]

## 2. Reconciliarse con su pasado, futuro y presente

El pasado indígena se caracteriza por la violencia. Las ancianas y los ancianos nos dicen que llegaron al problema central de su situación crítica al considerar que su universo social, cultural e histórico tuvo una ruptura y alteración y se enfrentaron con un nuevo laberinto de situaciones y condiciones. Sin más nacieron en el tiempo de las relaciones desiguales, se hallaron esclavos de una relación caótica con su cotidianidad convulsionada. Como pueblo y como personas se fragmentaron junto con su mundo, se enfrentaron a la situación de ser inferior, que raya con la ignorancia[20]. Estas condiciones violentas se fueron acentuando las maneras de evitar un dominio total, manteniendo el sueño de que los hijos tendrían mejores oportunidades. No se evitó el desaliento, pero tampoco se dejaron dominar por la esclavitud experimentada. En la conciencia de los pueblos, había derrota, pero no estaban vencidos.

Es importante considerar que mantuvieron, dentro de la situación de violencia en el pasado, el germen de un futuro prometedor. Mantuvieron una actitud de vida y de esperanza. Esto permitió una orientación de su actitud en todas sus actividades. Soñaron y se sintieron en "independencia y libertad", aunque hubo gestos de ignorancia, actitudes infantiles como lo menciona Arguedas en el cuento "El sueño del pongo."[21]

---

19 Raimon Panikkar, *La intuición cosmoteándrica. Las tres dimensiones de la realidad.* Valladolid: Trotta, 1999, 19.

20 Irarrázaval, *Inculturación. Amanecer eclesial en América Latina*, 100.

21 Cf. Fragmento del cuento de José María Arguedas. –…Quizá a

Esto fue sin olvidar los tiempos de desolación, donde la mayor victoria era sobrevivir a todos los vejámenes. Se ha soportado la humillación y la más severa fue el añadido de las maldiciones de la explotación. Cuando se trata de sobrevivir se confrontan las dudas, los temores y los miedos por medio de la búsqueda de la verdad, pero…

### LA VERDAD NO SIEMPRE SE VE

Un joven decidió ser un buen discípulo. Se preparó para recibir las mejores enseñanzas de su abuelo, junto a otros discípulos. Cada vez mostraba estar ansioso de recibir las indicaciones para un aprendizaje extraordinario. Siempre tenía preguntas. Al poco tiempo, ya se sentía con confianza por haber aprendido lo mejor y sobresalía de todos sus compañeros.

Un día preguntó, "Por favor, abuelo, hay muchas historias que cuentan sobre nuestro pueblo ¿Cuál es la verdadera?" Sin ninguna vacilación, el anciano respondió, "La verdadera historia es todo lo que sabes. Si abres tus ojos verás que cada día esa historia se hace presente". Aquel joven, a pesar de haber hecho sus votos de ser un buen discípulo, ante dicha respuesta se decepcionó. Sabía que debía respetar al anciano, pero gritó y protestó. Dijo, "Yo no veo ninguna historia verdadera, sólo veo sufrimiento, malos tratos, discriminación, violencia de unos pocos contra muchos, más parece un lugar de locos".

causa de tener una cierta expresión de espanto, y por su ropa tan haraposa y acaso, también porque quería hablar, el patrón sintió un especial desprecio por el hombrecito. Al anochecer, cuando los siervos se reunían para rezar el Ave María, en el corredor de la casa-hacienda, a esa hora, el patrón martirizaba siempre al pongo delante de toda la servidumbre; lo sacudía como a un trozo de pellejo…

El anciano se sentó, suspiró hondamente y le explicó, "Tu mente quedó fijo sólo en lo desagradable. No se puede negar, pero esa no hace una verdadera historia. Debes de ver lo que otros ven, por ejemplo: las mujeres se levantan temprano porque trabajan; los hombres caminan largas distancias a sus lugares de trabajo; los niños cuidan de los rebaños de ovejas; los pájaros cantan; las semillas que riega el sembrador germinan; crecen las plantas y dan sus frutos. Ves que llega el invierno porque Dios hace llover y todos los días hace salir el sol. La verdadera historia es vivir la vida de manera productiva".

## Deshojando el cuento

Nuestro cuento nos ubica en una perspectiva de mayor trascendencia, porque las enseñanzas hacen ver las distintas realidades y las contradicciones reales. No es negar las situaciones de dolor y muerte y las experiencias fatigosas. Son parte, pero la vida no es esclava de estas condiciones. El conocimiento desde lo cotidiano permite ver esta dinámica sin renunciar a ver la totalidad del pasado, pero la vida continua en su marcha. El conocimiento de los pueblos es integrar las distintas realidades. Para reconciliarse con el pasado es necesario vivir la vida de manera productiva. Es ver la fluidez de la vida en todas las acciones de hombres, mujeres, niños y niñas, de los animales, de toda la naturaleza y de Dios mismo.

Los pueblos indígenas mantienen latente la pregunta sobre la verdadera historia, porque la historia se mantiene permanente en la cotidianidad, una cotidianidad que no concluye. Siempre aparecen distintas acciones de vida y de muerte, pero las consecuencias de lo malo son lacerantes; en muchos casos se quedaron como problema sin alternativa. La situación de muerte se ha perpetuado en situación de esclavitud[22] aberrante para los pueblos indígenas. Esta manera de esclavitud se ha diversificado a lo largo de la historia. Actualmente hay esclavitud aplicada de manera diferente, pero con los mismos resultados de sometimientos y empobrecimiento en valores, relaciones y humanidad.

Es imperativa la mirada del anciano sobre la realidad. Pero no debemos olvidar que el esfuerzo y dedicación al trabajo en condiciones de esclavitud, solo se traducen en carencias.[23] Resistir y producir son dos acciones fundamentales para vivir la vida como dice el anciano de nuestro cuento. Esto se hace cotidianamente, en algunos pueblos más que en otros, como el caso de los mapuches[24] de Chile que siguen en resistencia, por mencionar un caso en que el pueblo sufre atropellos en mayor grado que otros.

Para vivir la vida como es la recomendación del anciano, lo mejor es tomar conciencia de ese pasado tan tenebroso, y seguir los sueños de los antepasados, sueño hecho realidad en

---

22 Dancy Ribeiro, *Los pueblos nuevos. Las Américas y la civilización 2.* Traducido por Agustín Neira. Cuadernos Latinoamericanos. Buenos Aires: Centro Editor de América Latina S.A. 1969, 69. El relato de Bascuñan describe el ánimo comprensivo de los indios, su apego a la tierra y la generosidad del tratamiento que le dieron; al mismo tiempo, da cuenta de su estupefacción por la barbarie con que los españoles los esclavizaban, marcándoles el rostro con hierro candente y tratándolos como a perros, de su espanto frente al sadismo de las damas españolas que se complacían en torturar a sus esclavas araucanas.

23 Ibíd., 264.

24 Ibíd., 269. Los Mapuches, establecidos más al sur, endurecidos por su decisión de resistir en vista de la suerte corrida por los pueblos hermanos luego de ser sometidos, continuaron luchando casi hasta nuestros días en defensa de su autonomía. A pesar de que vieron destruido su mundo tribal, tornada irrealizable su cultura, y de que fueron confinados en las peores fajas de tierra, permanecieron aferrados a su identificación étnica.

este presente. Quedarse con el pasado sombrío no nos permite avanzar[25] y esta es la carga que llevaríamos y podría ser un tropiezo permanente. La realidad del pasado se presenta en la cotidianidad, el liberarse de la parte tenebrosa nos hace ser libres y disfrutar lo que tenemos y convivir con lo que nos rodea. No podemos cambiar el pasado, pero con esa experiencia sí somos capaces de mejorar nuestra experiencia de vida cada momento.[26]

Esa reconciliación con el pasado se refleja en la disposición de ver, pensar y analizar el proceso vivido para estar dispuestos a un nuevo inicio.[27] ¡Volver a vernos con posibilidades, con capacidades y con virtudes, contrastes y sueños es una gran noticia!

No se puede hacer de otra manera sino el de aprobarnos a nosotros mismos. Nadie puede apreciarnos sino nosotros mismos a partir de compartir, lo cual es la clave que vamos descubriendo.[28]

Poco a poco, con el proceso hemos llegado a descubrirnos como creadores de las cosas buenas y no queremos ser partícipes de las enfermedades sociales, que también se traducen en enfermedades de nuestro cuerpo.[29] En la finitud de la vida, llegamos a los momentos de esperanza. La vida no es estática, sino que en todo hay un comienzo y un final, por lo que es importante aprovechar las sustancias de las experiencias buenas y agradables.[30]

---

25 Cf. Comentario de los estudiantes del SEBITEM, Notas del taller "Dialogo entre espiritualidades andina y cristiana", Huancayo, 2005.

26 Ibíd.

27 Ibíd.

28 Ibíd.

29 Ibíd.

30 Ibíd.

Descubrimos que la vida jamás se deja sorprender por las situaciones inmovilizadoras. Esa es la razón del por qué pensar que cada momento es un comienzo, siempre nuevo y fresco. Esta es la diferencia que marca el anciano en la profundidad de su respuesta al joven y eso es lo que quiere decirnos. Nuestro cuento nos coloca frente a un desafío que exige una decisión de ser parte del engranaje del poder que nos rodea, nos envuelve y nos trastorna. Es dejarnos ser manipulados y gastar las energías para mantenernos en el círculo de la degeneración humana, o crear y recrear con fuerza nuestras propias circunstancias de esperanza y vida. Esto hace un llamado de atención: o nos regocijamos por el conocimiento que adquirimos o nos quedamos lamentando lo que no hemos sido capaces de vislumbrar.[31] Usamos nuestra mente para pensar nuevos pensamientos, o como disco rayado que repite un pensamiento una y otra vez sin objetivo de vida, lamentándose de todo lo que nos rodea. Si seguimos al joven del cuento seremos esclavos de las realidades de muerte. Si seguimos el consejo del anciano, veremos vida donde otros no ven, lo cual producirá la reconciliación con un pasado.

Si dejamos que lo viejo nos acapare no hay espacio para un nuevo comienzo, ni tiempo, ni talento que puedan ser útiles para el ahora y el mañana. Nos quedamos con la idea en que así es el mundo, el mundo en que me tocó vivir. Si así está el mundo, entonces todo está bien porque nada se puede hacer para transformarlo. Si es lo que pensamos llegaremos a creer que esa sea la única verdad, pero en ese sentido nos hemos equivocado. Tenemos la responsabilidad de ser diferentes, de estar en el camino de nuestros abuelos, de creer que somos capaces de construir y transformar nuestro propio mundo[32]. Pero para reconciliarse con el pasado y vivir el presente en transformación y esperanza necesitamos de…

123

---

31 Ibíd.
32 Ibíd.

## 2.1 Respeto[33]

Con esta palabra hay un peligro. El respeto es una práctica y un ideal por conseguir cotidianamente. Es de reconocer que también hay acomodos para que se dé o se ignore. Este es el problema, y debemos ubicar bien de quien es el problema. Como dice Mills, lo que es un problema para un individuo, para otro no lo es[34], dado los intereses políticos, las interpretaciones de las causas, entre otros. En general son meras formas de ignorar la responsabilidad en dar y recibir respeto, en practicar y contribuir en su aplicabilidad.

Este es uno de los valores más mencionados porque es una exigencia de la convivencia. Las distintas acepciones, criterios y circunstancias del respeto varían y esto hace que el respeto sea usado de manera indiscriminada y que pierda su fuerza. Pero lo que es importante recordar es que el respeto no se impone, se cultiva. Veamos el siguiente cuento que nos aportará nuevas ideas.

### PODERES SIN RESPETO

En una comunidad lejana vivía un hombre que había alcanzado la habilidad de tener poderes sobrenaturales, pero no era respetado. Para hacerse respetar hacía cosas extraordinarias, pero la gente le tenía miedo, que era lo que inspiraba.

Un día este hombre quiso saber por qué otro anciano, que no tenía muchos poderes, era muy respetado. Ese día visitó

---

33 José Francisco Gómez Hinojosa, *Intelectuales y pueblo. Un acercamiento a la luz de Antonio Gramsci*. San José: DEI, 1989, 230. "El respeto, en el marco de una ética social que considera a los demás como iguales a mí y no inferiores, supone también un servicio."

34 Wright Mills, *La imaginación sociológica*, 93.

al anciano y le preguntó, "Quiero que me diga por qué eres respetado aunque no puedes hacer cosas extraordinarias". El anciano le dijo, "Así es la vida". Confundido, aquel hombre volvió a preguntar, "¿Cuál vida?" El anciano no respondió. Más inquieto, el hombre le dijo, "Eres un anciano que sólo inventas palabras para engañar a la gente". El anciano le miró y le dijo, "Así es la vida". Para sorprender al anciano, acudió a sus trucos. Estaba lloviendo y él hizo que cesara la lluvia inmediatamente. Le dijo al anciano, "Ves que hago cosas extraordinarias". Para sorprender más dijo el hombre, "Mira como aparecerán los conejos en mi bolsa, las palomas; puedo hacer muchas otras cosas más". El anciano quedó sin mutar por tan extraordinaria habilidad en los poderes sobrenaturales de aquel hombre. El hombre esperaba el secreto de por qué era respetado.

El anciano le dijo, "Hombre, así no es la vida. Deja de estupideces y te respetarán. La gente sabe que la lluvia cesa o aparece, al igual que los conejos y las palomas, sin necesidad de tu magia. Tu poder te hace parecer más a un loco y estúpido. Si quieres ser respetado debes hacer lo que hacen los verdaderos hombres y verdaderas mujeres. Trabajan al lado de los demás, sin que se los pidan, sin anunciar que hacen el bien, sin exhibiciones de habilidades, y ayudan al necesitado sin que se lo pida.

## Deshojando el cuento

En la cotidianidad encontramos a personas con habilidades extraordinarias, pero son poco respetadas; otros, por la práctica utilitarista de la habilidad, no merecen ningún respeto. Las cosas extraordinarias abundan: Jesús y los cinco mil que comieron, la viuda de Serepta que llenó muchos cántaros para superar su situación o el hombre ciego que recibió la vista con saliva y barro.

El que hace las cosas extraordinarias desaparece de la escena y de la vida de la o de las personas que reciben. Esta es la razón verdadera del respeto: la persona que ayuda desaparece y queda en la escena la persona que recibe. Pero la sociedad está regida por normas y racionalidades contrarias.

Cuando no hay respeto aparece el miedo y la desarticulación, que es lo que nos enseña el cuento. El hombre tenía poderes extraordinarios, pero su interés particular ahuyentaba a sus vecinos. La idea generalizada que la gente no es tonta[35] también es aplicada a los distintos pueblos.

Otro elemento que vemos en el cuento es que se buscan las explicaciones mediante comparaciones. Este hombre en su orgullo por compararse, quiere darse a conocer que él es mejor. El cuento nos presenta dos caminos para alcanzar el respeto: exhibir los poderes o trabajar sin buscar ninguna distinción.

Las habilidades son importantes. Los poderes, sean estos sobrenaturales o no, son necesarios e importantes, pero no valen por sí mismos. El respeto no tiene ningún secreto. No hay magia en su realización pero liga las distintas partes de la experiencia humana que contribuyen a la vida. El respeto es trabajoso, es encuentro que transforma las realidades adversas y potencia las virtudes de vida y de esperanza. Implica dejar de hacer las cosas que no son correctas, las que nos hacen tontos, hasta locos. El respeto es servicio, entrega, levantar al caído. Los verdaderos hombres y las verdaderas mujeres de respeto son aquellos que trabajan junto con las demás personas. El respeto nace consigo mismo, se comparte y vuelve. Deja de lado las inquietudes y resalta la grandeza. Acerca a nuevas realidades, es parte del amor por si mismo y debe ser vivido cotidianamente.

---

35 Huancayo, 2005.

El respeto nos valora y por eso valoramos, dicen las ancianas de muchos pueblos. También es enseñanza, activa la voluntad en ayudar, solidarizarse. Es como volver a nacer y desarrollar todo lo bueno que nos servirá de ayuda[36] para todas las personas.

## 2.2 Valores culturales

La conciencia de la propia cultura permite un análisis y una apreciación de la cultura diferente. Para valorar y revalorar es importante acercarse con detenimiento a la otra cultura y sus valores. Esto es posible si se desarrolla la capacidad de escuchar. Quien escucha recibe las ideas de las otras culturas y coloca en segundo plano los prejuicios. Sabe que no puede descubrir los valores aisladamente, por lo tanto se involucra, se hace comunidad con el otro,[37] es decir junto al otro para que haya diálogo e intercambio.

La revaloración aparece cuando se hace el esfuerzo por comprender lo que parece nuevo y diferente sin prejuicios ni ubicación en categorías, porque no todo puede tener cabida en un esquema, por más conocido y acertado que nos parezca. Desde esa perspectiva aparecerá la revaloración de lo propio. Para la revalorización es importante salir de los caminos trillados del pensamiento (estructuralista, funcionalista o positivista). Todos los métodos de alguna manera discriminan datos, situación o condición presente en otra cultura. La comprensión es principio de la revaloración.

Hay una exigencia clara y contundente en desarrollar la capacidad de no poner continuamente por delante como referencia exclusiva la experiencia y conocimiento propio.

---

36 Ibíd.

37 Ibíd.

Como dice Geertz, se sigue pensando que los pueblos que
son diferentes a nosotros pueden ser bestiales o, en el otro
extremo, poseedores de conocimientos y formas de verdad
superiores, dada la avaricia[38] que está generalizada en nuestro
contexto. Esto parece ser una enfermedad, que no tiene cura
a menos que un "piache" o persona que cura[39] intervenga
y nos ayude a comprender las razones y causas de nuestro
enfermedad de competencia, superioridad y ambición de
poder y control. Para lograr ver la riqueza de las culturas
presentamos un relato indígena de Estados Unidos:

## EL SILENCIO

Nosotros los indios sabemos del silencio. No le tenemos
miedo. De hecho, para nosotros es más poderoso que las
palabras. Nuestros ancianos fueron educados en las maneras
del silencio, y ellos nos transmitieron ese conocimiento a
nosotros. Observa, escucha, y luego actúa, nos decían. Ésa
es la manera de vivir.

Observa a los animales para ver cómo cuidan a sus crías.
Observa a los ancianos para ver cómo se comportan.
Observa al hombre blanco para ver qué quiere. Siempre
observa primero, con corazón y mente quietos, y entonces
aprenderás. Cuando hayas observado lo suficiente, entonces
podrás actuar.

---

38 Geertz, 287.

39 CLAI. *Etnias, cultura,s teologías. Pastoral de consolación y solidaridad.*
Quito: CLAI, 1996, 76. "En nuestras creencias, antes teníamos uno que se
denominaba jefe o cacique del clan. Cada clan tenía su cacique que era el
*piache*, un curandero que cura a los enfermos, a los que están cojos les hace
caminar. Este *piache* era muy espiritual, hablaba con la tierra y con Dios
que está ahí arriba, lloraba por la persona grave con un llanto muy triste,
pero era respondido con la curación de ese enfermo o enferma."

Con ustedes es lo contrario. Ustedes aprenden hablando. Premian a los niños que hablan más en la escuela. En sus fiestas todos tratan de hablar. En el trabajo siempre están teniendo reuniones en las que todos interrumpen a todos, y todos hablan cinco, diez o cien veces. Y le llaman "resolver un problema". Cuando están en una habitación y hay silencio, se ponen nerviosos. Tienen que llenar el espacio con sonidos. Así que hablan impulsivamente, incluso antes de saber lo que van a decir.

A la gente blanca le gusta discutir. Ni siquiera permite que el otro termine una frase. Siempre interrumpen. Para los indios esto es muy irrespetuoso e incluso muy estúpido. Si tú comienzas a hablar, yo no voy a interrumpirte. Te escucho. Quizás deje de escucharte si no me gusta lo que estás diciendo. Pero no voy a interrumpirte. Cuando termines, tomaré mi decisión sobre lo que dijiste, pero no te diré si no estoy de acuerdo, menos que sea importante. De lo contrario, simplemente me quedaré callado y me alejaré. Me has dicho lo que necesito saber. No hay nada más que decir. Pero eso no es suficiente para la mayoría de la gente blanca.

La gente debería pensar en sus palabras como si fuesen semillas. Deberían plantarlas, y luego permitirles crecer en silencio. Nuestros ancianos nos enseñaron que la tierra siempre nos está hablando, pero que debemos guardar silencio para escucharla. Existen muchas voces además de las nuestras. Muchas voces".[40]

---

40 Nerburn, Kent, *Neither Wolf nor Dog. On Forgotten Roads with an Indian Elder.* San Francisco: New World Library, 1994.

## Deshojando el relato

Es imperativa la capacidad de asumir la pertenencia a un pueblo y así inicia nuestro relato, con el sentimiento y la seguridad en afirmar lo que se tiene y lo que se conoce. Para el mundo donde las personas mayores tienen un lugar y son promotoras de vida a través de sus experiencias y conocimientos, el escuchar es fundamental y para eso es necesario el silencio para que se abran las capacidades humanas: observar, escuchar, actuar y decir.

La observación es el camino para el conocimiento en todos los niveles y de todos los seres vivos para aprender.

La escucha se desarrolla y la condición importante es el silencio. No se puede revalorar lo que no se escucha y nadie escucha si no observa. Toda escucha y observación es posible si hay respeto y en la medida en que se pone en acción. En la antigüedad, como menciona la Biblia, la escucha le hacía falta al pueblo de Israel; luego tuvieron que soportar las consecuencias de su falta de escucha.[41]

Es obvio que nuestro relato tiene algunos elementos que nos pueden ayudar a analizar mejor nuestras maneras de relacionarnos, comunicarnos y convivir. Es importante resaltar que el silencio tiene lugar en nuestra cotidianidad.

El aprendizaje de trascendencia es razonar que las palabras deben salir de la boca bajo dos calidades, que sean dadas y recibidas como semillas. Quien las da las ha cultivado, quién las recibe está comprometido a sembrarlas y cultivarlas cotidianamente.

---

41 Isaías 28.12. VRV.1995.

## 3. Deshojar las realidades de nuevos conocimientos

En todos los campos hay nuevos conocimientos. Con el transcurso del tiempo, algunos pasan al olvido y luego vuelven a aparecer, mientras que otros se transforman. No hay límites para el conocimiento sino que es libre, porque hay libertad. Sin embargo, debemos asegurarnos que la libertad misma impone límites, porque no es oportunidad para legitimar o deslegitimar un conocimiento. La libertad no es para hacer lo que a cada uno le plazca.[42] Demanda una actitud frente a la vida, que se estructura en conocimiento, como dice Geertz con sus significaciones simbólicas.[43] En las realidades emergen nuevos conocimientos, porque para todas las cosas que nos rodean, los seres vivos toman su palabra, tienen su espacio y su tiempo.

Las realidades nos muestran que todo lo que está a nuestro alrededor tiene su habla y enriquece el conocimiento. El desafío es abrirse y acercarse para producir el encuentro de conocimientos. Hay dos exigencias para este encuentro: primera, para usar un ejemplo, el caso de Demóstenes, quien superó su dificultad para hablar.[44] En el contexto de los pueblos latinoamericanos están superándola y comparten su habla. Segunda, es superar las dificultades de la escucha de unos a otros de los pueblos distintos.

Superar las limitaciones siempre se puede cuando se tiene la voluntad o se deja ser motivado por las posibilidades, y no se puede anteponer las debilidades como en el caso de Moisés en la Biblia.[45]

---

42 Wright Mills, *La imaginación sociológica*, 187.

43 Geertz, Clifford, *La interpretación de las culturas*. Barcelona: Gedisa, 1993, 88.

44 Leperlier,. *La comunicación pedagógica*, 88.

45 Exodo 4.10 RV1995.

Tomamos en cuenta que los conocimientos son diferentes. Manifiestan cambios de tiempo en tiempo y de realidad en realidad, como de persona en persona o de pueblo en pueblo. En muchos casos algunas personas son llevadas por estos cambios y otras se quedan petrificadas en un tiempo sin manifestar cambio alguno. Esa es la razón del por qué se enfrenta con la realidad en que algunos conocimientos se consideran mejores y superiores sobre otros.

Desde la situación del desencuentro cultural, se dio bajo el concepto de superioridad y legitimación de unos sobre otros por considerarse pertenencia a una civilización superior y no el hecho innegable de ser diferente. La superioridad es innegable en el arte de las guerras y esa fue la experiencia de los pueblos indígenas. Se enfrentaron con el exterminio, como dice Mires,[46] pero el uso de la violencia en extrema no puede ser argumento de hegemonía humana. No hay justificación alguna para pensar que el terror haga ser superiores a unos, pero esto es lo que la historia nos indica. Una superioridad sin valor humano, sin esperanza y sin vida. Profundicemos nuestro análisis al deshojar con este cuento:

## No es lo mismo la fantasía que la realidad

Cuentan que había en una ciudad, en un área lujosa, un hombre que tenía la fantasía que le gustaba mucho lo indígena y su arte. Describía con detalles minuciosos los trajes, la música, la pintura y muchas otras artes. Con el tiempo se hizo un gran experto en esta materia y adornó su casa con motivos indígenas. Exhibía con orgullo gran parte de sus reliquias artísticas de diferentes pueblos indígenas

---

46 Fernando Mires, *El discurso de la Indianidad, La cuestión indígena en América Latina*. San José: Editorial DEI, 1991, 49.

y su ropa estaba decorada con adornos indígenas. Un día organizó una gran fiesta con sus amigos y lo bautizó el "Festival del Indígena." Llegó a afirmar que sería capaz de dar cualquier cosa con tal de tener la oportunidad de comprar arte indígena, si es que hubiera todavía algo que no hubiera conocido y que existiera, ¡todo por ayudar a los indígenas!

Un día a media mañana, una fuerte voz provino de la calle a la entrada de la casa de este hombre. Dio un sobresalto porque en la puerta de su casa estaban varios indígenas harapientos. Caminaban para ofrecerle su arte, gritando "¡artesaníaaa!", así como lo habían hecho en el vecindario. Aquel hombre se asomó por la ventana, justo cuando volvieron a gritar, "artesaníaaaa". Aquel hombre estaba nervioso, pensó que era un asalto, se sintió amenazado y que su casa estaba en peligro. "¡Son ladrones!" gritó. El aterrorizado hombre llamó a su guardia que custodiaba su tesoro indígena y dio la orden de repeler el ataque. Acudió inmediatamente el guarda, armado con arma de fuego. Al cabo de unas ráfagas de su arma, todo quedó en silencio. Aquellos indígenas yacían muertos a la puerta de la casa de aquel hombre. En sus espaldas llevaban cuadros primitivistas hermosos, envueltos en trapos viejos. El hombre salió a ver, vio los cuerpos tendidos sin vida. Su guardia le dijo, "Son indígenas". El hombre musitó, "Parecen bestias". Desde entonces, aquel hombre dejó de gustarle el arte indígena.

## Deshojando el cuento

El hombre de nuestro cuento nos ilustra la separación que tiene en su práctica, porque considera, por su conocimiento del arte, que conoce al indígena productor del arte. Tal parece que este tipo de conocimiento solo es una colección de información[47] adquirida sin conexión con la realidad. No hay duda que esta es una fantasía. Queda al descubierto que su conocimiento tiene poca relación con la realidad del ser de los indígenas.

Es notoria que la inversión que había hecho en la compra de tanto arte ocupa el centro de su atención y preocupación. El arte ocupa un lugar secundario. Lo que más nos sorprende es la ausencia en su conciencia al indígena, el ser humano.

Esta concepción del arte bello y admirable de los pueblos está presente en la conciencia de muchos, pero hay un desconocimiento del indígena.

El hombre no ve arte en los harapientos, mucho menos creadores de arte. Su apariencia le parece una amenaza. Mientras estaban los indígenas fuera del límite de su propiedad nada le importaba, pero el hecho de que se acercaron, se constituyeron en una amenaza.

El desarrollo histórico nos muestra que surgieron muchos gritos, iguales a los de aquel hombre y tuvieron un efecto negativo sobre el destino de los indígenas. Esto nos plantea que todo conocimiento sin experiencia no permite una visión integral de la realidad. En nuestro cuento deberíamos pensar en que arte e indígena no pueden estar separados, uno sin el otro no existe. Cosa que no puede ser ignorado ni empírica ni racionalmente. Esto hace comprender que debe existir una experiencia para que seamos sensibles a lo inteligible de la existencia del arte y del indígena. No se puede confundir el amor al dinero por arte. Son dos experiencias: uno nos lleva a la creencia en estar amenazados y la otra en articular la relación como una familia humana.

---

47 Panikkar, *De la mistica*, 86.

Es evidente que, al cuidar y apreciar la cultura, el conocimiento desconectado no nos permite tener conciencia de nosotros mismos junto al otro. Esto no nos lleva a enriquecer los conocimientos que tenemos, ni a abrirnos al encuentro con un nuevo conocimiento.

El terror destruye, ataca y mata. Junto a los cuerpos sin vida de los indígenas, desapareció el arte y el amor al mismo. El ser humano es un ser que navega entre el bien y el mal, entre la vida y la muerte, entre el dolor y la esperanza. Si es lleno de muerte, mata; si se llena de esperanza, convive. En el caso de Jesús nos refleja una nueva realidad, porque para conocer y convivir con esperanza, recorrió aldeas y ciudades, sanando toda dolencia.[48]

El conocimiento establecido sobre el otro puede esfumarse cuando tiene lugar el miedo. El miedo desvalora todo conocimiento y no acepta opiniones. Resulta innegable la urgencia de poner límites y en último caso atacar. El miedo valora una parte, al que se le tiene mayor estima e interés, esta presente y tiene influencias.[49] Se acepte o no, está y se manifiesta en cualquier momento.

## 4. Conclusión

Hemos realizado un recorrido para profundizar el deshojar en el encuentro humano con los conocimientos. Para adentrarnos reflexionamos sobre la importancia de la cultura, porque nos condiciona ese encuentro con las demás personas.

Todo es visible y debe ser visible en lo cotidiano. Todo pasa por esta realidad porque de alguna manera es en la cotidianidad

135

---

48 Mateo 9:35 RV1995.

49 Leperlier, 87.

donde se plasma la vida concreta, donde la razón interviene y la demanda de la acción se concreta. Allí se vive el encuentro entre el conocimiento y la ignorancia, entre lo grande y lo pequeño.

Para apuntar a la coherencia es fundamental verse a sí mismo primero antes de ser visto por los demás. De esta manera se puede producir un diálogo fecundo. Quienes son capaces de verse a sí mismos ven a los demás con sus posibilidades de ser, junto con los demás, de buscar y realizar la reconciliación y complementariedad. Las posibilidades de ser persona inician con el respeto de sí mismo.

El diálogo permite aceptar los vacíos, las vulnerabilidades y las crisis de pensamiento (Mardones).[50] Esta idea nos coloca en la justa dimensión de las cosas y podemos detectar los valores culturales ausentes y las existentes en la otra cultura. Si no se potencia lo propio, tampoco se potencia o se potencia negativamente cualquier otra expresión cultural. No se puede llegar a los nuevos conocimientos si no es por la comprensión de los existentes y de las maneras como se desarrollan. Todo conocimiento requiere reconocer desde dónde se produce y cómo se articula dentro de su propio contexto.

Ahora entramos en el tercer capítulo, para encontrar esas formas de expresiones y formas de comunicar de los pueblos. No se puede dejar de pensar que la fuente de esta comunicación está en la cotidianidad. Es por esa razón que pensamos en la necesidad de la convivencia entre los conocimientos y cotidianidad. Pensamos que la oralidad debe ser aceptada como una forma de expresión válida. También es importante considerar desde la oralidad lo que representa la palabra escrita.

---

50 José María Mardones, *La vida del símbolo. La dimensión simbólica de la religión*. Presencia Teológica. Bilbao: Sal Térrea, 2003, 231.

# TRES
## Valorando la oralidad

## 1. Lenguajes[1] propios y formas de comunicar

En este tercer capítulo presentamos un esbozo de la importancia y el desarrollo del lenguaje de los pueblos indígenas. Comentamos las formas de comunicar sus ideas en contexto de imposición, intolerancia, exclusión e indiferencia a lo propio de pueblos indígenas.

Sin embargo, el lenguaje se ha enriquecido y la afirmación de ser pueblo ha logrado afianzarse en la última década (2000-2010), tal que ahora asistimos a una relación "plural". El lenguaje ha desarrollado la pluralidad, porque se articula y se desarrolla desde el corazón y se extiende en la mente de los seres humanos. En el contacto se ha enriquecido porque no

---

1 *Diccionario de la lengua española*. Real Academia española. Vigésima segunda edición 2001. Tomo II Madrid:RAE, 2001. Lenguaje es un conjunto de sonidos articulados con que el hombre manifiesta lo que piensa y siente.

se puede obviar la reciprocidad.[2] Cada lengua tiene un aporte de interés para las relaciones porque produce esperanza entre los distintos pueblos y hacia el interior de los mismos. Hay diversidad de lenguajes, pero a la vez el ser humano debe tener un solo lenguaje, el constructor de vida.[3]

Es notorio que los pueblos indígenas tienen una inclinación hacia un lenguaje de sentimiento profundo, fruto de su observación y convivencia en su medio. Desarrollan un pensamiento agudo y así recrean el lenguaje, una contribución a la existencia y coexistencia de lenguajes y pueblos. Esto produce esperanza en afirmar la riqueza de la diversidad, en el cultivo consciente del cual, se hace sabiduría, como dice Gesché.[4]

Sin duda alguna, el lenguaje es una facultad de hablar que el ser humano desarrolla en comunidad.[5] Lenguaje se entrelaza para formar, criticar, comunicar y desarrollarse. Para ampliar nuestra comprensión del aporte de los pueblos indígenas sobre el lenguaje y la reciprocidad con la actitud, tenemos el siguiente cuento,[6] que tiene que ver con el lenguaje o hablar

---

2 Un ejemplo claro en este sentido es el "macuy, kilete y hierba mora", cuyo uso es distintamente el lugar y grupo social. Se escucha entre personas con un nivel educativo superior y en los pueblos. Esta es una planta comestible y se recomienda mucho su consumo en caso de anemia. Macuy es una palabra Kaqchikel, Kiché y Tzutujil en Guatemala. El uso de la palabra es generalizado en toda Guatemala.

3 DREA.

4 Adolphe Gesché, *El sentido*. Salamanca: Sígueme, 2004, 31.

5 DREA.

6 Llanque Chana, *La cultura aymara*, 86. "La característica específica del cuento aymara está en el propósito para el que se utiliza, o sea que no solamente tiene la función de entretener, recrear o distraer a los niños o a los adultos, sino que a la vez cumple una finalidad en la convivencia social, fortalece los patrones de conducta y actúa como medio de control social. La metodología utilizada es que atrae al oyente para su diversión al mismo

en correspondencia con las actitudes. Es imperativo que sea verificable la concordancia entre el que habla y sus acciones y el habla mismo.

### HABLAR Y ACTUAR

En un pueblo pequeño, sus habitantes decían que vivía entre ellos un abuelo que sabía cómo hablar y actuar y que les causaba admiración. Un joven de la comunidad, deseoso de ser un discípulo del anciano, decidió ir a buscarlo. Al encontrarlo le dijo, "Abuelo" y sin más, el joven le preguntó, "¿Cómo se hace para actuar de acuerdo a la palabra o el hablar?" El abuelo vio el interés en el joven y le dijo, "Mañana iniciaremos una serie de visitas a varios lugares, durante unos días seguidos. Nos levantaremos de madrugada para explicarte lo que es hablar y actuar de manera que se correspondan". El joven, contento, aceptó la propuesta del abuelo.

Al día siguiente de madrugada, se levantó el anciano y despertó al joven. Cuando el sol aún no alumbraba, se

---

tiempo que lo instruye. Pues, las incongruencias de la realidad descrita en el cuento invitan a la risa, mientras que las expresiones míticas y simbólicas estimulan a la imaginación para su reflexión. Como consecuencia estas narraciones cumplen con el rol importante de mantener la continuidad del pensamiento aymara y la operatividad de la cosmovisión y filosofía de vida (moral del pueblo y cultura aymara. Estos cuentos constituyen una fuente ideológica que subyace en el mundo aymara.

Conceptualización del Espacio, tiempo e Historia. Como habíamos referido, el aymara usa categorías simbólicas y míticas para expresar y trasmitir sus observaciones y pensamientos acerca de la realidad que circunda. Para una reflexión personal y colectiva recurre a la narración de los cuentos de sus antepasados como también de los cuentos creados contemporáneamente de una manera divertida y entretenida para todos sus oyentes. Para poder captar cómo los aymaras conceptualizan las nociones del espacio, tiempo e historia quisiéramos referirnos al cuento de 'La aparición del sol'."

encaminaron al gallinero, donde el gallo cantó una y otra vez. El abuelo preguntó al joven, "¿Qué hace el gallo?" El joven respondió, "El gallo canta y canta". El abuelo le dijo, "Sí, correcto, es lo que el gallo ha hecho".

Otro día lo llevó al campo. Caminaron por veredas y montañas y al final le señaló unas plantas. "¿Ves estas plantas de diferentes tamaños? Cada uno crece de acuerdo a su especie; algunas darán sus flores, luego sus frutos". El abuelo nuevamente preguntó al joven, "¿Has aprendido algo?" El joven respondió, "Sí, abuelo, las plantas crecen, dan sus flores, sus frutos y sus semillas". "Muy bien", le dijo el abuelo. Durante varios días el abuelo llevaba al joven a varios lugares para que escuchara, observara, analizara y respondiera a las preguntas.

Una mañana el abuelo se levantó sin hablar al joven y se fue solo. El joven estaba despierto esperando escuchar la voz que le diría, "Ya podemos ir". Se preguntaba, qué habría pasado, pero el joven no se levantó. Cuando la mañana había crecido, al fin fue a la habitación del abuelo, pero no lo encontró. Al rato apareció el abuelo entre los maizales ya de regreso. El joven corrió a su encuentro y exclamó, "¡Abuelo! ¿Por qué no me llevaste contigo?" El abuelo se sentó debajo del árbol que estaba junto el camino y le dijo al joven. "Mirá, viniste conmigo a aprender y estuviste de acuerdo en que comenzamos a salir, porque me dijiste que querías saber hablar y actuar tal como hablas. Veo que no has aprendido nada. ¿Cómo crees aprender a hablar y ser coherente? Has dicho que el gallo canta, las plantas crecen, ¿sabes? Nadie levanta al gallo, se levanta y canta, nadie le dice crezca a las plantas, ellas crecen y tú no tomas ninguna iniciativa para levantarte ni hacer algo por tu cuenta que muestra tu aprendizaje". "Te pregunto", dijo el abuelo, como todo un maestro, "después de estas visitas que hemos hecho y hoy que no te levantaste, ¿puedes hablar de ti y decir cuál es tu razón de vivir en este mundo?"

## Deshojando el cuento

Las personas tomamos actitudes diferentes. Cada una tienen una manera propia para reconocer en las palabras y en los actos de las otras personas cuando hay coherencia, a las cuales considera especiales, palabra, acto y persona. Cuando se observa detenidamente, es admirable el por qué son especiales y puede motivar a más de alguna a seguir sus pasos. En muchas personas se enciende la admiración, pero se quedan con esta impresión, admirar y admirar, sin hacer nada por imitar. Otras imitan por imitar, porque no consideran que sea su compromiso, por lo tanto caen inmediatamente en el abandono de la práctica. Otras se quedan con sus admiraciones, y comentan algún pensamiento momentáneo, pero eso es todo lo que consideran ser capaces de hacer.

Ser persona especial depende, según la sabiduría indígena, de la coherencia entre hablar y actuar, como el caso del anciano. El reconocimiento es que coloca la palabra y la acción en sintonía. El anciano comunica una forma de ser con su manera de vivir y que es reconocido por la comunidad. Esto despertó en un joven el deseo de ser como el anciano y para ello decidió ser un discípulo.

A primera vista parece que el deseo de aprender es fuerte en el joven. Esto es lo que lo lleva a buscar y encontrar al anciano. El anciano no se niega a compartir y recibe al joven como su discípulo. Este es un primer paso, decidir llegar a la fuente del lenguaje y aprender la práctica misma del anciano. Esta es la entrada a las posibilidades que ofrece la experiencia a alguien que intenta hacer de sí algo especial. Entrar en el universo de las posibilidades puede ser relativamente fácil, mantenerse es posible, pero avanzar es el verdadero desafío.

143

Nuestro cuento muestra que no basta con aprender el cómo hace el otro, sino que es también el cómo lo haremos nosotros.

Aquí está la importancia de involucrar todo nuestro ser, con nuestro querer ser. Es una entrega sin reservas a los propósitos que se persiguen de sí mismo y el efecto sobre las relaciones con los demás desde el lenguaje y la forma de desarrollarlo. La sintonía no solamente se da en la parte externa, sino que también produce efecto en la parte interna. Podemos decir que lo externo influye sobre lo interno y que lo interno interviene en lo externo.

El anciano pone a prueba el interés, diciendo "mañana iniciamos y también será de madrugada". El joven sí tenía tanto interés que no reparó en la implicación de la propuesta del anciano. Pero también puede ser un arrebato de la emoción de ser discípulo de un anciano reconocido. Al final quedará al descubierto el peso de la decisión del joven. Esto nos muestra que lo que está aislado no puede valerse por sí mismo, sino que debe estar acompañado por la voluntad y acciones concretas.

El anciano se levantó, en lo cual no hay nada extraño, porque es lo establecido. Pero en el hecho de despertar al joven, ya notamos un primer signo en que el interés no tiene tanta fuerza. Su debilidad se nota en que no está respaldado por una acción. Porque el anciano lo despierta y, si hubiera voluntad, el joven hubiera estado listo antes que el abuelo se hubiera levantado. El joven sólo tuvo un conocimiento, pero le faltó agregarle el sentimiento en hacer lo mejor.

Notamos que el hablar puede ser agradable, pero el agregarle una acción de manera creativa y espontánea es un elemento que complementa. El proceso de inicio en muchos casos es de mucho entusiasmo, pero en este caso no lo es. Hay una dependencia total. El anciano no ha dado un discurso, tampoco ha dado una información, sino un llamado imperativo a la acción para que conozca el joven cómo relaciona su palabra con su acción. Tal parece que el joven está acostumbrado a escuchar discursos, tal vez fogosos, porque estos abundan en distintas instancias y niveles sociales. La diferencia de los discursos es que la mayoría carece de su complemento, la acción. Es decir, poner en práctica las palabras, que ellas sean base de un estilo de vida.

Para que las palabras sean acciones, exige que las personas sean entregadas a las discusiones críticas de las realidades, con planteamientos fructíferos sobre un problema. Es importante escuchar con detenimiento para ver la diferencia entre ideas sin aplicaciones y la aplicación de las ideas.

En varios discursos se afirma decir la verdad o al menos acercarse más a la verdad. Esa verdad resulta tan efímera que al concluir de decirla ha desaparecido. En nuestro entorno nos venden esa idea y supuestamente estamos convencidos pero esa verdad es a medias, hueca, sin acción. Damos por entendido que la práctica sólo es una posibilidad. Esto nos plantea el problema de esperar, porque la importancia podría verse después; no se considera una relación indispensable.

Nuestro cuento nos presenta otro aspecto importante que es el inicio de la preparación para el conocimiento del hablar y actuar con coherencia. La formación no debe ser complicada, se inicia con los espacios comunes, que contribuyen a alcanzar inmediatamente una considerable cantidad de conocimiento básico. Está mezclado con recuerdos, historias y dichos que son familiares y que no necesitan complejas explicaciones.

145

Aunque se ponga en tela de juicio cada uno de los pasos que el anciano propone, sólo se llega a las suposiciones, que no es el problema, porque la práctica demuestra la efectividad. Esto significa que cada aspecto tiene su lugar y la suma de todo es indispensable. Esa es la razón de por qué el anciano habla de madrugada y luego se ubica cerca del gallinero. Lo conocido es la base. Lo cercano cobra nueva importancia y el ser humano debe aprender de lo que le rodea. Nuestro cuento concluye con el gallo y su canto.

La clarificación es importante: no dar por sentado que lo dicho, lo hablado o lo observado es común y que en todo estamos de acuerdo. Porque se puede y se debe disentir; saber que hay disenso es fundamental, sobre todo en qué aspecto se da el desacuerdo.

Debemos tener presente la distinción entre la idea sencilla y básica y las ideas complejas que son frutos del camino recorrido. Es importante saber que lo interesante no es sólo tener a quien seguir, sino despertar la iniciativa que llevamos dentro, estimulado por el seguimiento.

El anciano pregunta, pero todo lo que nos rodea nos pregunta, ¿qué estamos haciendo, por qué estamos, hacia dónde queremos ir? De lo contrario nos pasará lo del joven, que pensamos, analizamos, creemos que vamos por el camino correcto, pero no somos capaces de tomar la iniciativa de dar un paso más de lo que se nos exige. Lo importante es tener una idea, luego tomar la iniciativa de ir a otros lugares, conocer otras realidades, comprender un mundo diferente al que ya conocemos.

Todo nos permite crecer en conocimiento, en comprensión, en relaciones, más la iniciativa es nuestra. De lo contrario, cuando otros ya vienen de regreso, nosotros estaríamos con una actitud ambigua y estancada en el inicio, conformes en querer emprender la marcha sin dar el primer paso. Tampoco hay que considerar la vida como una competencia en la cual sólo avanza el mejor. Es importante recordar que no somos eternos y no podemos esperar que sucedan las cosas sin hacer ningún esfuerzo. La vida es efímera.

A veces actuamos como el joven de nuestro cuento y preguntamos, "¿Por qué no me llevaste? o ¿Por qué no me dijiste?" Pero sabemos que cada uno tiene la responsabilidad y debe poner el interés porque se sabe la importancia que tiene para sí mismo y para los demás, como aporte. Discutir con el anciano es no tener la razón, es dejar de pensar o que nuestro pensar no es nuestra facultad[7]. Por eso decimos que hay más que un lenguaje humano y sólo será entendible cuando se hace posible en la práctica.

Quizás es conveniente hacer aquí una breve observación acerca de la necesidad de hablar y pensar acompañado de la creatividad y sentido, para no tener posteriormente alguna confusión. La coherencia es fruto de acciones concretas. No se puede tener confusión entre la palabra y la acción sino que actúan con reciprocidad. No se queda en un sentido de probabilidades, sino de certeza. El lenguaje representa la certeza del pensar para la vida.

La observación es importante. Como hemos visto anteriormente, nadie piensa por otra persona sino que es ella misma la que descubre y describe, con la ayuda del entorno: este es el caso de las plantas, sus formas y tamaños, del canto del gallo. Es una exigencia de la vida avanzar en nuestro progreso de aprendizaje del lenguaje. En el caso del joven del cuento, él supuestamente tenía un compromiso consigo mismo y con su palabra empeñada. Desde el momento de la primera mañana debió asumir su responsabilidad. Tenía que aprender que no se puede tener una palabra con sentido si nuestra acción no tiene la fuerza para fortalecer el acompañamiento.

147

Esto sugiere la idea en que en el primer día, el anciano iba de primero, el joven detrás, con expectativas y con temor

---

7 DREA

de hacia donde iba. El siguiente día estaba más cerca, más despierto, tenía una palabra eficaz para responder con calidad y capacidad.

El hecho es que el joven no debía depender. Aunque es comprensible que el desconocimiento puede producir temor, es el desafío interno a superar. Para eso es el desarrollo de los sentidos, escuchar, observar, analizar, tener su propia palabra y respuesta. Esta era la propuesta del anciano.

El interés de aquel joven no era muy contundente. Se había acomodado  y había dejado de tener la fuerza necesaria para tener su propia palabra en coherencia con su actitud. Le faltó la relación estrecha entre palabra y actitud. No siempre se puede pensar que el comienzo sea un signo en que el final puede ser acorde y puntual. El conocimiento puede traicionar, puede abrir las puertas del egoísmo, de la vanagloria o la pereza en dar los pasos correspondientes que exige la realidad.

El joven al inicio nos muestra que distinguió claramente entre la actitud de las plantas y de los animales. Pero entre grados de certeza no logró dar muchos pasos sino que se conformó en acompañar al anciano. Este es uno de los desafíos, de que las personas que tienen su lenguaje, que han tomado su palabra, esperan que otros tengan la misma fuerza en tomar su propia palabra. No podemos conformarnos en identificarse con la palabra del otro.

### 1.1 Práctica cotidiana[8]

Los seres humanos debemos cristalizar los grandes momentos de la cotidianidad entorno a nuestra naturaleza. Es un

---

8 Queremos usar aquí la palabra cotidiana como "renovadora". La renovación no es un ideal sino un ejercicio permanente.

ejercicio permanente y cada día ofrece oportunidades para recrear integralmente. En muchos casos parece que se agotan las cosas nuevas e invaden las rutinarias. La fuerza y el interés con que se vive dan pautas a un desarrollo con valores. Sin reconocer que cada día abre sus puertas para nuestro ejercicio no se viven los momentos, no hay acercamiento, no hay una mirada al otro, porque no hay una mirada hacia adentro. Debemos pensar en que somos sembradores del buen pensar y sentir para que aparezcan las palabras con sabiduría, constructora y facilitadora de vida. La cotidianidad nos coloca frente a la visión de fortaleza; nosotros muchas veces hemos decidido por las debilidades. Las debilidades hacen desaparecer las fortalezas, porque se enraízan y se hacen parte de nuestra cotidianidad.

La vida cristiana es una práctica que envuelve la cotidianidad. Cada momento debe pasar por la experiencia de Dios-Cristo. El error es estatizar la experiencia cristiana en unos principios y conformarse con el conocimiento de los mismos. Esto hace perder su riqueza, su diversidad y su flexibilidad. Por el temor a perder el principio, base y fundamento, llegamos a perder la relación con Dios. En la cotidianidad se hace notorio lo divino de Dios que está en nosotros y en nuestros sentimientos[9].

En la experiencia al vivir la vida surge la pregunta del porvenir junto con lo que se hace, se tiene, se piensa y los resultados acerca o aleja de la pregunta en dónde estamos, qué pasa alrededor y qué hacer frente a cada uno de los desafíos que se plantean. La mayoría tratamos de buscar alguna alternativa, sobre todo en lo escatológico[10]. Los seres humanos estamos inmersos en

---

9 Panikkar, *De la mística*, 260.

10 Wright Mills, *La imaginación sociológica*, 178. "En la actualidad los hombres buscan en todas partes saber dónde están, a dónde van y qué pueden hacer. —si es que pueden hacer algo— sobre el presente como historia y futuro como responsabilidad. Esas preguntas no puede contestarlas

lo cotidiano y a la vez con el sentimiento del quehacer en el futuro. La práctica cotidiana de vida es exigente, por lo que necesitamos enfrentarla con responsabilidad. Esto es lo que hace interesante la cotidianidad porque tiene que ver con las preocupaciones de tiempo, circunstancias y situaciones. La otra parte es de alegría y de éxitos. Por lo tanto necesitamos una práctica que revolucione constantemente nuestro hacer, decir, sentir y pensar. Esto es lo que nos induce el siguiente cuento.

## UNA RENOVACIÓN DE LA PRÁCTICA

En cierta ocasión, tres hombres se encontraron perdidos en una noche de viaje. Caminaban y caminaban hasta que encontraron una casa y los habitantes de aquella choza mostraron su hospitalidad. Ofrecieron a aquellos hombres posada, café caliente, comida y ropa para dormir. Al amanecer los anfitriones invitaron a los hombres al desayuno. Con mucho interés aquellos habitantes de la casa les preguntaron a los tres hombres si descansaron y qué andaban buscando de noche. Luego les comentaron que no es bueno andar por esos rumbos. Perderse de día o de noche no era nada agradable, era muy peligroso.

Estos hombres respondieron que no les pasaría nada porque sabían como cuidarse. Tenían amigos que los llegarían a buscar. Conocían policías, abogados y sacerdotes. Después de comer y beber, se levantaron para marchase. Antes de salir, preguntaron por cuál camino debían ir para llegar a la comunidad de las flores. El abuelo de aquella familia dijo, "Para llegar a ese lugar, es importante ir por el camino

---

nadie de una vez por todas. Cada época da sus propias respuestas. Pero precisamente ahora hay una dificultad para nosotros. Estamos a fines de una época y tenemos que buscar nuestras propias contestaciones."

del abogado, de los sacerdotes o de los policías, de la gente que les conoce". Aquellos hombres, molestos e indignados por semejante respuesta, dijeron al anciano, "Nosotros sólo queremos que nos señale el camino y nos vamos". Aquel anciano hizo justo lo que pidieron, levantó su brazo y les señaló el camino que pasa enfrente de su casa. "No se burle de nosotros," dijeron con desaire. "Pero, ¿qué es lo que han hecho con nosotros?" dijo el anciano. "Les compartimos techo, comida, bebida y ropa para dormir, pero nos han ignorado, no nos mencionaron entre sus conocidos. ¿Acaso nosotros nada hemos hecho por ustedes?"

## Deshojando el cuento

La humanidad presente vive momentos de oscuridad y de estar perdida, porque no ha sido capaz de quitar sobre las personas el temor y la violencia.[11] Los seres humanos hemos desarrollado capacidades para adaptarnos y recrear situaciones y condiciones en cada época. Es importante tomar el tiempo necesario para tener conciencia en que todo confluye en lo cotidiano. Nuestro cuento nos indica que si tomamos conciencia de nuestra condición y situación actual seremos capaces de darle la debida importancia a la interrelación y las oportunidades que se presentan cotidianamente.

Cuando estamos inseguros clamamos por ayuda, pero cuando la ayuda se presenta nos olvidamos que pronto nos enfrentaremos a otras inseguridades. Es importante hacernos la pregunta para nosotros mismos y a nuestro interlocutor. La ayuda involucra a todas las partes, como semillas que germinan y se desarrollan inmediatamente. Esa es la razón

---

11 Ana Margarita Gómez, Herrera Mena, Alfredo Sajid, *Los rostros de la violencia*. San Salvador: UCA Editores, 2007, 43.

de las preguntas "como amanecieron" y como resultado del sentimiento de satisfacción, atrajo una invitación al desayuno.

Uno de los aspectos importantes del cuento es mostrarnos que la conciencia del vivir de estos hombres, que dependen de los demás, los induce a la indiferencia con sus interlocutores. En lo cotidiano esta experiencia se repite y hace que los ausentes tengan una mayor influencia. Esto fragmenta, no permite el desarrollo de la armonía, y anula la compenetración entre los forjadores de la presente historia.

La experiencia indica que no importa el tiempo. Lo desagradable se hace parte de la experiencia, de la cual nadie más puede ayudar a menos que el necesitado esté consciente. Esta es la razón del por qué al repetir el anciano la respuesta, ahora resulta ser inaceptable.

La respuesta conduce a una situación viable o embarazosa. Es decir, no responde, sino que agrega una pregunta, que perturba nuestro entendimiento y conocimiento. De algún modo, es de recapitular, para estar consciente que la confrontación no es de afuera, no es externo. Ya está presente, ya es parte del pensar y cobra vida frente a los desafíos. No hay forma de escapar de esta realidad. No se sabe cómo, a menos que consideremos que toda pregunta ya tiene o es una respuesta. Dicha respuesta tortura el espíritu, porque es parte de la realidad.

La tendencia humana es culpar a los demás de la situación adversa. Queremos una respuesta, sin darnos la oportunidad de respondernos a nosotros mismos. Para el conocimiento del otro, se hace importante tener la pregunta adecuada y su respuesta  para no producir una respuesta inconclusa, inadecuada e intransigente.

Lo cotidiano se debe aprovechar para el intercambio, para compartir los conocimientos. Es un acto humano, por lo que puede producir mayor acercamiento y construir un futuro prometedor. Para nuestro aprendizaje debemos considerar que las oportunidades de compartir deben ser libres y de ambas partes. Nuestra naturaleza humana es compartir, conocer, reconocer a los demás y nuestra necesidad de convivencia. La hospitalidad es una práctica cotidiana que se debe desarrollar con libertad. En ninguna circunstancia de la cotidianidad se agota la hospitalidad.

Lo anterior es posible si nos damos cuenta que la cotidianidad produce experiencia y esta es la que hace del ser humano centrar su atención en realidades concretas, para hacer preguntas y que ellas mismas sean respuestas. A continuación tenemos el cuento en el que la experiencia también tiene y da poder.

### EL PODER DE LA EXPERIENCIA

Un joven llegó a la adolescencia y se puso enfermo. La madre y las hermanas estaban preocupadas por su salud, por lo que decidieron buscar un médico que lo curara. Llegaron al médico, quien al examinar al joven no encontró mayores síntomas. Por eso le recomendó que durante una semana ayunara y cocinara algunas plantas y les dijo que volvieran en cinco días. Aquel joven estaba en la edad de rebeldía, por lo que no tomó las medicinas que le recetaron ni mucho menos quiso ayunar. Por lo tanto no volvieron al médico.

153

Una hermana del joven y su madre escucharon que había una señora en la siguiente comunidad y que podía curar toda clase de enfermedad. Vivían lejos de la señora, pero aquella madre era tal su amor por su hijo que no escatimó esfuerzo, porque lo quería sano.

Cuando llegaron a su presencia, la señora los invitó a pasar a su posada. La madre le contó a la señora los problemas de enfermedad del hijo y que no hacía nada por tomar la medicina, ni ayunar para curarse.

La señora salió para la cocina y luego regresó con unas tasas llenas y dijo, "Disfrutemos este té que es delicioso porque alegra el espíritu y fortalece el alma". Aquel joven tomó su porción y dijo que le había gustado.

"Joven," le dijo la señora, "viendo bien tu caso, estás en un gran peligro que nadie podrá ayudarte después. Tu vida depende de un hilo nada más". La señora dijo, "Este té que hemos tomado es mucho mejor tomarlo después de haber ayunado. Yo ahora me siento tan llena de vida, porque he ayunado y he tomado el té con ustedes. Si haces un pequeño esfuerzo por tomar este té, tu salud mejorará y tu vida se llenará de alegría." El joven, al ver la sonrisa de la señora, al escuchar sus palabras que irradiaban paz, agradeció a la madre y hermana, siguió los consejos de la mujer sabia y se curó.

## Deshojando el cuento

Cotidianamente nos enfrentamos a desafíos que nos inducen a tomar decisiones con certeza y con posibilidades de equivocarnos, o simplemente quedarnos con una actitud de rebeldía. El joven enfermo más su edad muestra que el camino difícil está señalado. La ausencia de la experiencia puede llevar a la indiferencia y a perder las oportunidades que se presenten. En nuestro cuento la madre preocupada es acompañada por la hermana. En la realidad ningún enfermo acepta su situación. Nosotros los humanos solo nos preocupamos de nuestra situación si esta nos afecta socialmente, pero lamentablemente no solo el enfermo sufre los efectos.

Quienes son los responsables se ocupan de discursos baratos para dejar pasar el tiempo, retuercen las leyes, manipulan conciencias, y se presentan como víctimas y salvadores. Esta es nuestra cotidianidad social, cultural y religiosa. Unos se esfuerzan para superar las situaciones, otros no toman las medidas correspondientes para superar la sordera y el saqueo de la riqueza de la humanidad, actualmente castrado, sin futuro.

Nuestro cuento nos hace reflexionar social y culturalmente para darnos cuenta que nos encontramos ante una realidad en la que la experiencia puede trascender las actitudes más adversas. Se requiere de médicos de esta "civilización", que colaboren a generar diálogo, comprensión y entendimiento de que la vida es don de Dios. Este don se experimenta si se sigue el camino de la libertad y la virtud, como dice Rousseau, cuyo resultado es la felicidad.[12]

Una de las actitudes que indica el cuento es escuchar, estar atento y buscar los recursos capaces de enseñarnos a vivir con ejemplo. Nos coloca frente a la cotidianidad, donde debe darse el poder de convencer, de ayudar y de superar la enfermedad de este siglo, la voracidad por el competir y considerar a todas las personas enemigas en potencia.

El médico hizo lo que sabía hacer: examinar, analizar los síntomas y recetar la medicina que consideró adecuado para el tratamiento de la enfermedad del joven. La señora hizo lo mismo. La diferencia radicó en que ella hizo que todos bebieran la medicina que les recetaría. Sobre todo es que no habló del ayuno, sino compartió su experiencia de ayuno. Les dijo de la importancia del ayuno y sus gestos fueron capaces de acompañar sus palabras.

---

12 J.J. Rousseau, *Discurso sobre el origen de las desigualdades.* Barcelona: Alba, 1999, 7-8.

Por otra parte, la actitud de rebeldía es parte nuestra constante. Todas las ideas buenas a falta de un ejemplo, de degustar junto al otro, no se les da toda la importancia que tienen. Nuestro cuento nos lleva a considerar la difícil situación social, con similitud con la adolescencia, mas la enfermedad y la rebeldía del joven se agudiza y se coloca la vida en situación de riesgo.

Para efectos sociales, siempre se encontrarán personas como la madre y la hermana. Están atentas a las novedades que conduzca a una relación y bienestar humana. También nos enfrentamos a los consejos buenos pero sin ánimo para aplicarlos. La señora no hizo nada contraria a las indicaciones del médico. Aquí está el secreto: no hacer comparaciones, porque el tiempo revelará. Lo importante es dedicarse a hacer lo mejor.

Sin lugar a dudas hay esfuerzos en crear condiciones de esperanza para los pueblos y entre los pueblos. Las contradicciones y adversidades están añejas, las imposiciones inmovilizan, las decisiones son impuestas sin que los pueblos actúen con voluntad. La humanidad se debate en una actitud de adolescente frente a imposiciones, con engaños de tiempo en tiempo y de períodos en períodos. El despojo se da continuamente contra la humanidad y contra la misma naturaleza. Hoy es importante forjar una convivencia entre la razón y la cotidianidad, entre pueblos y entre las personas para volver a su humanidad.

## 1.2 Convivencia entre razón[13] y cotidianidad

La mayor riqueza de la humanidad es su capacidad en armonizar todas las partes de su vivencia y conocimiento.

---

13 Nugent, *El conflicto de las sensibilidades*, 84. "La racionalidad que se construye desde la experiencia moderna del mundo popular es la racionalidad de la acción colectiva que reconoce la existencia libre de los in

Al abandonar su naturaleza humana se ha creado una "nueva humanidad" que le enajena y cada día vive en total pobreza. La misma humanidad ha trazado nuevas fronteras y nos confrontamos con nuestros límites creados[14]. Lo que hace importante e interesante es nuestro comportamiento pendular, del extremo de bien al otro de maldad. Ante esta realidad algunos consideran que se debe eliminar a los malos, otros suponen que son las teorías las que no funcionan y deben dejar de ser dogmas. Pero sin tomar en cuenta el peso del pasado y las frustraciones anteriores, no se puede hablar de convivencia porque las razones se han usado de distinta manera y de intereses. Nuestra cotidianidad manifiesta todas estas condiciones limitadoras y nos esclaviza en pensar en que lo bueno es absurdo.

La razón está siempre presente en todos los asuntos humanos.[15] En algunos casos produce libertad; en otros, aparece como el acicate en la cotidianidad. Sin embargo, la cotidianidad también demanda a la razón y a la libertad, según Mills, al decir hace años, que la razón y la libertad son dos valores en riesgo, porque no están coordinados sino separados y en muchos casos, uno contra el otro.[16]

---

dividuos. Una acción social es racional en la medida que permite la libre asociación de los individuos, sea para reclamar derechos conculcados, sea para la disposición del tiempo libre en solidaria convivencia. En otras palabras, la voluntad racional es la voluntad democrática.

14 H. Marcuse, K. Popper y M. Horkheimer, *A la búsqueda del sentido.* Salamanca: Sígueme, 1998, 68. "Cualquier ser limitado –y la humanidad es limitada-, que se considera como lo último, lo más elevado y lo único, se convierte en un ídolo hambriento de sacrificios sanguinarios, y que tiene, además, la capacidad demoníaca de cambiar de identidad y de admitir en las cosas un sentido distinto". Marx Horkheimer en el "Anuario Schopenhauer", 1961.

15 Wright Mills, *La imaginación sociológica*, 180.

16 Ibíd.

La razón y la cotidianidad se expresan y es por eso que la persona debe tomar su palabra para expresarse.[17] No hay duda de que este consejo es un aliciente que a la vez es una utopía. Para que las palabras sean la expresión de nosotros mismos deben ser auténticas y espontáneas.[18] Quien tiene su palabra ayuda a encontrar el camino para la calidad de vida. Para eso debemos atención al cuento siguiente.

### EL VERDADERO MAESTRO

En una comunidad lejana, la gente estaba deseosa de aprender de un maestro sobre cómo mejorar su calidad de vida. Después de los trámites y los días de espera, llegó a la comunidad un distinguido maestro. La alegría era visible, las sonrisas, la calurosa bienvenida, en fin una verdadera fiesta al ver cumplido en parte su sueño.

Aquel maestro veía las formas de las casas y como estaba vestida la gente, y además era muy conocedor de sus aspectos religiosos, políticos, económicos, sociales y culturales. Sin más, construyó su teoría sobre la gente y las necesidades de aquella comunidad. Sus oyentes mostraban su disposición a escuchar la sabiduría que destilaría de los labios de aquel maestro. En efecto, la gente pensaba que era un gran maestro. Éste insistió en que la comunidad debía superarse. "Para ello debe ver, juzgar y actuar, pues allí radica la importancia de la instrucción para la vida," decía el maestro. ¡La gente le aplaudía con tanta emoción! La gente admiraba su conocimiento, y el maestro por la

---

17 Mis grandes amigos y maestros Guillermo Cook y Richard me motivaban con sus consejos en que es bueno tomar mi palabra. Mi verdadera expresión sería desde la palabra. 1996-2000, notas personales.

18 Leperlier, *La comunicación pedagógica.*

respuesta de la gente, pensó que lograba sus propósitos. La gente compartía sus ideas con alegría.

Había tanta recepción de aquella comunidad que el maestro creyó que era la oportunidad más grande de mejorar la calidad de vida de toda una comunidad. Pensó que estaba en el momento preciso para que esa gente se levantara y mejorara su vida de una vez por todas.

Al final de su enseñanza dijo, "He visto cómo han trabajado. Ahora deben poner en práctica lo aprendido para mejorar. ¿Qué pueden hacer?" Los participantes guardaron un silencio profundo. Volvió a preguntar el maestro, "¿Cómo practicarán lo aprendido?" Nuevamente el silencio acompañó aquellas palabras. Ya molesto les dijo, "¿Hemos invertido este tiempo y me parece que para nada ha servido?"

También el silencio antecedió a las palabras de uno de los ancianos presentes. Él se levantó y le dijo, "Maestro, es bueno todo lo que nos ha enseñado. Hemos aprendido mucho. Nosotros le prestamos toda nuestra atención. Sólo una cosa hizo falta, que usted nos escuchara para practicar juntos lo aprendido".

## Deshojando el cuento

Definitivamente es importante el encuentro entre maestro y comunidad. Debemos atender a la solicitud de nuestro cuento en considerar que la enseñanza tiene dos partes, el dar y el recibir. Este es el intercambio que da oportunidad a todas las partes. La racionalidad sobre las realidades es un ejercicio permanente de todos. Es importante la disposición de la gente, a la vez es de mucho interés en aprovechar la emoción para expresar sus conocimientos, con sus aciertos y desaciertos.

El presente cuento nos coloca frente a una estrecha relación entre el aprender, el conocer y el aceptar la enseñanza interactiva. Se hace importante que las personas se compenetren en la enseñanza-aprendizaje. Si se atiende el límite entre maestro y alumnos, es escabroso el camino por recorrer, porque se consideran unas ideas de poca importancia, por lo tanto otros imponen otras. Al final siempre se busca una respuesta adecuada a la que se quiere escuchar.

El anciano nos coloca frente a la realidad de que el que escucha también desea ser escuchado. La práctica de toda enseñanza es una responsabilidad de todos. Hay un accionar en la dimensión educativa; el compromiso es de todos. Es importante comprender que el proceso es integral. Ponerlo en curso implica la fusión entre práctica y aprendizaje-enseñanza. Una conciencia de enseñar involucra un conocimiento de aprender junto con la otra persona. Esto es lo que hace posible comprender la importancia de ver con agudeza, para observar no solo las partes que todos ven, sino aquellas partes que requieren mayor dedicación. Para profundizar nuestro entendimiento tenemos el siguiente cuento, "Buscando donde no hay nada".

### BUSCANDO DONDE NO HAY NADA

Un hombre recién llegado a la comunidad consideraba que tenía razón en todo. Para compartir su sabiduría visitó a un vecino con la idea de darle unos consejos prácticos sobre la vida. Aquel vecino estaba afanado por seleccionar la mejor semilla de maíz para sembrar al día siguiente. En su mente pasaba la idea que con la mejor semilla tendría una mejor cosecha para el próximo año.

"¿Qué haces, vecino?" preguntó el hombre. El vecino

le contó que estaba en un momento especial, porque la selección de semilla es algo trascendental, pues trasciende el presente. Se sueña con lo que sucederá dentro de un año con su cosecha. Sin más, el hombre dijo, "Pienso que eso es muy a largo plazo, debes pensar en cosas a corto plazo, para estar listo para atender las necesidades inmediatas".

Al cabo de escuchar tanto consejo tras consejo, el campesino se cansó y le preguntó al hombre, "¿Qué comerás hoy?" "Maíz," dijo el hombre. ¿"Y mañana?" preguntó el campesino. "Maíz," respondió el hombre. "¿Dentro de un año?" preguntó el campesino. "Maíz," dijo el hombre.

El campesino le dijo, "Veo que ninguna de tus ideas o tus razones te dan de comer, mucho menos a mí. Pero estoy seguro que comerás de mi cosecha de maíz dentro de un año. ¿No crees que estás medio loco con tantas razones y nada de cosecha?"

## Deshojando el cuento

Todo consejo involucra, además de las personas, las intenciones, las circunstancias y las voluntades. Llegar a una comunidad y dar recetas es arriesgarse a quedar en entre-dicho. El consejo es bueno pero se hace más lúcido si acompaña el conocimiento, la manera de vivir y el quehacer de las personas de la comunidad.

Cuando se marca una diferencia o distancia entre las personas, se experimenta una contradicción en la comunicación, que cada vez puede complicarse. En todos los ámbitos de la vida los consejos van y vienen. Algunos son oportunos, otros llegan a destiempo y otros se quedan en espera de una oportunidad.

No todas las ideas encuentran inmediatamente una tierra fértil. Para que funcionen requieren de tiempo, espacio y conocimiento. Los plazos están sujetos a distintas circunstancias y adecuado al conocimiento del interlocutor. El campesino espera que el consejo abone su anhelo de tener comida sobre todas las cosas.

Ahora nos encontramos ante otro hecho importante, como lo es la oralidad. Distintos pueblos desarrollan la oralidad como un recurso para su historia, para el aprendizaje de sus tradiciones y para la transmisión de la sabiduría, lo que pasa a ser un desafío a la palabra escrita.

## 2. Desafíos de la oralidad[19] a la palabra escrita

Podemos decir que la oralidad es un ordenamiento de la naturaleza humana, independiente de la relación que se haga con los animales. El desarrollo de la oralidad en los pueblos ha demostrado ser capaz de mantener en equilibrio la vida. De alguna manera la modera. En distintos momentos le agrega, en otros le recorta, le suma o le resta. También con el correr del tiempo la oralidad ha sido alterada profundamente por la presencia y la acción del ser humano en distintas épocas.

La oralidad puede perturbar, pero es de importancia considerar que sigue siendo espontánea. Esto es lo que la hace dinámica, porque su uso racional altera e integra el conocimiento. Se parece al universo de la ecología: los árboles, los animales, los ríos, los océanos, la basura, cada uno con su ritmo. Toda alteración de la oralidad puede provocar equivocaciones o desastres porque es como el átomo y la energía.

---

19 Adolph Gesché, *Dios para pensar II, Dios - el cosmos*. Salamanca: Verdad e Imagen, 1997, 9. "Un Dios que habla es un Dios al que uno comprende."

La oralidad hace que los seres humanos conserven y se acrecienten en la medicina preventiva y curativa. Consejos de salud van y vienen, aúna esfuerzos con la palabra escrita. Podemos decir que en muchas otras áreas hay un incremento de conocimientos. Pero podemos ver que el uso indebido de la oralidad encadena, pues cambia de naturaleza, pierde el control por falta de regulaciones y crea el caos.

En muchos casos se coloca sobre la oralidad la palabra escrita a la que se le considera de mayor importancia. Se afirma en distintos niveles culturales que lo escrito es un conocimiento amplio y constatable. Sin embargo, en pleno siglo XXI asistimos a la época en que la oralidad no sólo ha sobrevivido, sino que ahora presenta su desafío, por lo que no se puede dar por sentado que el conocimiento sólo sea escrita u oral, como tampoco tiene un sólo sujeto productor y/o receptor.[20]

En nuestro contexto latinoamericano es de afirmar la necesaria interdependencia entre la palabra escrita y la oral. Un ejemplo de esto es nuestro mundo religioso. En nuestra experiencia dialogamos con Dios y al mismo tiempo hacemos lectura de los textos sagrados, que se considera el diálogo de Dios con nosotros. Lo más sorprendente es que en todas las culturas aparece el diálogo con Dios. No es un invento de nuestro tiempo, por lo tanto hay intercambio entre el humano y su Creador, en las dos vías, oral y escrita.[21]

---

20 Humberto Eco, *Los límites de la interpretación*. 2ª edición. Barcelona: Lumen, 1998, 298.

21 Gesché, *Dios para pensar*, 79. "Con el Dios bíblico es totalmente diferente. En sorprendente diálogo, camino de Sodoma y Gomorra (Gén 18, 16-33), Abrahán no titubea en pensar que las decisiones de Dios no son irrevocables y que uno puede llegar a ablandarle, lo cual es justamente la característica de un auténtico intercambio, en el que nada ha cristalizado de antemano. Esta audacia de Abrahán constituye el paradigma de una constante del Antiguo Testamento, que se encuentra tanto en Jonás como en Moisés, en las filas de los profetas y entre los orantes de los salmos."

Lejos de desestimar el valor de cada una, la palabra escrita y la hablada llevan el germen de la personalidad.[22] De la individualidad y el pensamiento se hace colectivo porque expresa realidades propias, conocidas y vividas, habladas y escritas.

Aunque el mundo técnico-académico da supremo valor a lo escrito, no suprime ni altera la importancia que tiene la oral. Es común escuchar dichos en los discursos, los cuales son más vivos cuando se dicen, no cuando se leen. No conocemos casos de una lucha entre lo escrito y lo oral. Lo que sí es afirmativo es que el mundo académico cada vez más considera la importancia de la oralidad. Esto hace considerar su amplitud propia, envuelve generalidades y particularidades. También es especial o comprobable. Se entiende que ambas, escrita y oral, se apoderan de los espacios. Es de reconocer que ambas son lenguajes.

Un lenguaje escrito que no reconoce el valor de la oral o viceversa, pierde belleza y brillantez. Como dice Panikkar, hasta "perdemos el sabor de las palabras."[23] Puede resultar llamativa la palabra, sea escrita u oral. Para eso tenemos el siguiente cuento.

### EL JUICIO QUE HAY QUE JUZGAR

Ocurrió una vez que en un pueblo lejano, los vecinos llegaban ante el Juez con casos muy insignificantes, porque a la gente le parecía interesante ver cuando el Juez abría su libro y leía. La gente se retiraba del lugar, para continuar el mismo juicio ante el anciano de la comunidad. Como el juez no entendía

---

22 Crisanto Armando Meléndez, *El enojo de las sonojas. Palabras del ancestro*. Tegucigalpa: Editorial Cultura, 2002, 120.

23 Panikkar, *La nueva inocencia*, 96.

esa actitud, llamó al anciano respetado por la comunidad por su sabiduría y la manera equilibrada en juzgar los casos de los vecinos. Sin más, al día siguiente apareció un caso. El Juez dijo a los vecinos presentes que juzgaría en este caso el anciano y que su papel sería de secretario del anciano. Sin más, la gente se retiró antes que el anciano juzgara. El Juez, sorprendido por esa actitud, preguntó al anciano, "¿Por qué se retiró la gente?" Sin darle tiempo al anciano en responder, le hizo otra pregunta, porque estaba intrigado. "¿Usted no se siente ofendido que su gente lo haya dejado sólo?" El anciano, con toda tranquilidad, le dijo, "No, señor Juez, al contrario me siento feliz que la comunidad pueda hacer la diferencia entre un Juez que dialoga, escucha a todas las partes y les da la razón en la que la tienen. Lo que a esta gente le parece pintoresco es su manera de juzgar, porque sólo abre el libro, lo lee y se da por juzgado el caso".

## Deshojando el cuento

Es un hecho importante considerar que en distintos campos del saber humano la oralidad esta presente. El mayor desafío es la comprensión de la misma y la manera en que se interprete su relación con la escritura. Lugares donde la oralidad es la vía de aprendizaje e intercambio, conciliación y reconciliación, la lectura tiene otra indicación. En esta comunidad, no cabe ninguna duda en que el Juez juzgaba los casos. Luego, la gente asistía ante el anciano y este refrendaba los juicios del Juez. Notamos claramente que la actitud de la gente que no está acostumbrada al ámbito de la escritura, hace que la oralidad intervenga. Para la gente no hay un desmerecimiento de uno, sino la complementariedad en la comprensión.

Nuestro cuento nos informa que son casos de menor importancia. No cabe ninguna duda que en casos de trascendencia la gente apoya lo escrito, porque comprende el límite del diálogo. En los casos de normas, no se ha aprovechado el caudal de conocimiento que se encierra en la oralidad. En muchos aspectos de la vida se puede considerar que el conocimiento que se desarrolla en la oralidad es una reserva. Como dice Freidel, para reconocer que es una reserva es importante penetrar en uno mismo.[24] Esto hace hallar la manera de dialogar entre oralidad y escritura que son partes de una visión del mundo. Para ir por la senda del entendimiento de la escritura y la oralidad, nos auxiliamos en el siguiente cuento.

## APRENDIZAJE DE LA LUZ

En el pueblo llegaba un predicador de una religión. Siempre repetía que la palabra que se lee es Luz. Incitaba al pueblo a salir de la oscuridad por medio de la luz para que no tropezara. Derrochaba las palabras para explicar sobre la luz y la oscuridad. Criticaba a las personas que no seguían la luz, diciendo que habían dejado de ser inteligentes, que eran incapaces y por lo tanto torpes y tontos. En una noche menos esperada, un anciano encontró a un hombre caminando de un lado a otro y luego identificó que era el predicador.

"¿Qué te ocurre?" preguntó el anciano. "Estoy buscando una dirección. Estoy perdido porque no soy de este lugar," dijo aquel hombre. Al cabo de dar muchas razones aquel hombre, del por qué estaba perdido, el anciano le dijo, "Hombre, ¿por qué todo tienes que explicar? Si dices que las palabras son luces, use las mejores y deja que alumbren".

---

24 Daniel Freidel, Linda Schele, Joy Parker, *El cosmos maya. Tres mil años por la senda de los chamanes.* México, D.F.: Fondo de Cultura Económica, 2001, 10.

El predicador dijo, "Necesito tu ayuda. Por favor ayúdame, antes que sea muy tarde." El anciano le respondió, "Hombre, parece que la mejor prédica es cuando nos ayudamos y nos comprendemos. Llegamos a conocernos y la luz se hace presente".

## Deshojando el cuento

Es común la llegada de predicadores en los parques de los pueblos. Sus discursos los presentan con connotación de legalidad, por el simple hecho de que dice la "escritura". Presentan que es legítima cualquier acusación porque esa escritura condena los "pecados". Y se antepone la" justicia de Dios" contra la de las personas.[25] Esto es lo que hace comunicar las condenas contra las personas que no profesan esa religión. Pero hay una ausencia del ser humano concreto que es más que predicador o pecador.

En este caso la escritura se usa para anular y provocar el *shock*, hasta que la persona sea vulnerable y acepte una condición deplorable. Aquí vemos cómo escritura y oralidad se juntan y se nutren, pero para provocar una negación del ser. Parece darse una extensión de los deseos del predicador, aquello que no ha podido ser porque es humano como todas las demás personas. Se parece al consumismo que nos presenta Fromm, porque discurso y texto devoran un mundo de seres humanos, y los hacen sujetos exclusivos.[26]

25 F. Javier Blázquez-Ruiz, *Estrategias de poder. Xenofobia, "Limpieza étnica" Insumisión*. Estella (Navarra): Verbo Divino, 1995, 28.

26 Erich Fromm, *¿Tener o ser?* 16ª edición. México, D.F.: Fondo de Cultura Económica, 2002, 43.

La anulación del otro pronto nos hará saber que nos hemos invalidado. El reconocimiento del otro es nuestro reconocimiento de ser seres humanos, con posibilidades de apoyo mutuo.

Todo tiene un límite y no hay conocimiento que tenga todas las respuestas para todo. No hay ignorancia que no tenga respuesta a alguna situación concreta. El anciano poco sabía o tal vez nada conocía de la Escritura, pero tenía claridad en lo que respecta a la luz y las palabras.

El colocar la práctica de una religión como inteligencia contra la incapacidad o torpeza de otras, es una irreverencia a la vida misma. ¿Acaso un rosal que da flor blanca es torpe porque no da una flor roja? El anciano en nuestro cuento nos muestra que el esclavo de la palabra puede ser libre en la medida que se transforma en su espíritu. Deja que las palabras alumbren y sean libres porque es independiente del ser humano. Pero no puede ser un "nuevo hombre" por la palabra si esta sólo condena para imponerse,[27] porque mata el espíritu y en nada se diferencia con las viejas formas de patrón y capataz.

Lo interesante es el diálogo que produce un nuevo entendimiento de sí mismo y del otro. Se llega a conocer cuán profundas son las palabras y cuánta energía pueden generar. Nos unimos a la idea del anciano que la mejor prédica es la acción producida y que ésta es una manifestación de la luz presente.

---

27 Leopoldo Zea, *Filosofía de la historia americana*. México D.F.: Fondo de Cultura Económica, 1978, 83.

## 2.1 Encuentro entre conocimiento[28] racional y conocimiento[29] de diversos sentidos

El anhelo de todo ser humano es el conocimiento. No un simple conocimiento, sino el que pueda trascender todo el contexto, sin la arrogancia de que sea universal en su totalidad. Esto no es posible porque es claro que en todas las épocas se han tenido grandes pensadores que luego cayeron en descrédito, sea porque fueron superadas sus propuestas o cayeron en desuso.[30]

La importancia del encuentro entre los conocimientos es siempre una pregunta por hacer. Las racionalidades de los conocimientos son sendas por recorrer. Para caminarlas, nos

---

28 José Aparicio Gomes Moreira, *Conquista y conciencia cristiana. El pensamiento indígena y jurídico teológico de Don Vasco de Quiroga*. Colección 28. 500 Años. Quito: Abya-Yala, 1990, 106. "A partir de la llegada de los primeros europeos al continente americano en 1492, españoles y portugueses empezaron a plantearse una serie de cuestiones nuevas a su conciencia, a preguntarse por el sentido de su presencia en otras tierras y de su "misión" entre unos pueblos de los que hasta entonces no se tenía noticia de su existencia. '¿Quiénes son esas gentes nuevas? ¿Son personas humanas racionales como los europeos? Son suficientemente capaces para recibir la fe cristiana? Es lícito someterlos por la fuerza y utilizar su trabajo? ¿En base a cuál estatuto jurídico es legítima la apropiación europea de esas tierras?'"

29 Alain Coulon, *La etnometodología*. Colección teorema. Madrid 1987, 56-57. El modo de conocimiento práctico es "esa facultad de interpretación que todo individuo, erudito o profano, posee y pone en práctica en la rutina de sus actividades prácticas cotidianas… Procedimiento regido por el sentido común, la interpretación se plantea como indisociable de la acción y como compartida igualmente por el conjunto de los actores sociales… El modo de conocimiento erudito no se distingue en nada del modo de conocimiento práctico cuado se considera que están confrontados a un problema de elucidación similar: ninguno de los dos puede desarrollarse fuera del manejo del "lenguaje natural" y sin poner en juego una serie de propiedades que les son referentes (Ibíd.,70)

30 Jürgen Habermas, *Conciencia moral y acción comunicativa*. 3ª edición. Barcelon: Peninsulares, 1994, 11.

auxiliamos en la pregunta de Panikkar, "¿En qué sentido podemos tener afirmaciones universales si éstas dependen de un contexto particular y no tenemos un contexto universal?"[31]

Panikkar se coloca en la génesis de la realidad del conocimiento, porque los conocimientos son diversos, de la misma manera, las razones que les dieron existencia. En principio cada conocimiento cuenta con su propio universo. Descansa en el contexto y en hombres y mujeres que piensan y que sus pensamientos son producto de sus contextos. Son personas con inquietudes, con preguntas-respuesta o búsquedas. Es decir, todo conocimiento tiene una fuente pero esto indica que hay diferentes fuentes que producen los conocimientos propios.

Por aparte están las motivaciones externas, que afectan de alguna manera los conocimientos existentes. Lo que sí todos los seres humanos tenemos en común es ser parte del principio de la creación de conocimiento. El proceso de cada conocimiento es misterioso, pues no se ha podido explicar, ni tampoco habrá una satisfactoria explicación. Lo que nos parece importante es que todo conocimiento es dinámico, da su propia existencia y se mueve hasta ser compartido. Una razón de esto es lo que podemos afirmar junto con Panikkar, que "Somos de la misma raza."[32]

Para profundizar nuestra reflexión del encuentro entre conocimiento racional y diversos, nos auxiliamos con el siguiente cuento.

---

31 Panikkar, *La intuición cosmoteándrica*, 33.
32 Panikker, *Cosmovisión*, 37.

## 🌿 LA LUCHA DE IDEAS

Una vez discutían fuertemente dos personas sobre cómo conservar la naturaleza. Una de ellas hablaba de la ciencia, los avances en materia de la ecología, las formas científicas de conservar la naturaleza. La otra argumentaba que es importante la inversión para proteger áreas boscosas, todo por el medio ambiente, que los recursos naturales se aseguran en manos de inversionistas, lo cual es posible si se deja que los hombres visionarios participen. Las dos pensaban que sus propuestas eran las ideales, por lo tanto, ninguno aceptaba la idea del otro. Les parecía perder prestigio y originalidad si no se aceptaba su propuesta.

Una campesina que venía del campo, trayendo leña sobre su cabeza, descansó junto a las dos personas que discutían y escuchó los argumentos. Esta mujer se armó de valor y dijo, "Señores, hay una manera sencilla de saber cuál es la idea acertada". Cada uno esperaba que la campesina apoyara una idea, pero la campesina hizo que cada uno decidiera.

La mujer dividió en dos partes su leña y puso ante cada uno cada parte. Luego les dijo,"La idea que encienda primero la leña que tiene enfrente, esa será la única, la verdadera, genuina y excepcional". Las dos personas, al unísono, le dijeron a la mujer, "Eso es imposible"."Imposible," repitió la mujer. Ambas volvieron a decir, "Imposible".

La señora juntó nuevamente su leña y les dijo, "Entonces, ¿por qué discuten si saben que sus ideas son incapaces de hacer algo concreto? ¿Para qué sirven?"

171

## Deshojando el cuento

Es obvio que la ciencia se coloca en la balanza, muchas veces, al lado de la inversión. Otras veces se dan discusiones acaloradas para imponer una idea. Nuestro cuento nos permite conocer otra idea que no se pone a discurrir, sino a hacerse valer por lo concreto. No descalifica, pero es capaz de hacer que las ideas que no pueden hacerse práctica se auto-valoren y den por hecho su fortaleza o su debilidad. Las ideas son como la religión o la política: se colocan en contra de las otras o dialogan con ellas. De la misma manera entendemos que algunas impulsan o mantienen el status quo, otras rechazan y profetizan contra él.

El conocimiento diverso se orienta por la realidad. Tiene de referencia inmediata la experiencia y la visión del mundo. El discurso se apoya en la realidad. Los conocimientos pueden servirse de espejo uno al otro. Así como reconocemos que hay una diversidad humana,[33] de la misma manera encontramos la diversidad de conocimientos.

La acción, los recursos naturales, más la disposición, colocan las cosas en sus dimensiones. La mujer los invitó a ver la realidad que plantea sus ideas. Sin embargo, hay otra postura, la idea de comprar cuando no se gana en la discusión. Comprar todo es una manera de pensar, pero no siempre todo se adquiere con dinero. Para nuestra comprensión tenemos el siguiente cuento.

### NO SE PUEDE COMPRAR TODO

Una persona de muchas lecturas y de mucha riqueza llegó a pensar que era un sabio. Consideraba que era tanta su sabiduría que superaba a muchos sabios juntos. Un día decidió escuchar a sociólogos, políticos y teólogos para comparar su sabiduría en todas estas artes. Entre los

33 Wright Mills, *La imaginación sociológica,* 146.

asistentes había una mujer que no mostraba ser sabia, ni siquiera mencionada entre los especialistas.

Comenzó la presentación y, uno por uno, disertaron los especialistas. Nada daba muestra de estar de acuerdo o en desacuerdo con la idea del otro. La mujer que estaba presente sí lo hacía, pero era extraña entre los eruditos. La persona sabia no se dio por satisfecha de las presentaciones. Pero la presencia de la mujer le provocó duda. Decidió ir donde estaba la mujer y se paró frente a ella., La quiso sorprender con ofrecerle un espacio de tiempo para que compartiera su conocimiento.

Ella dijo, "No, señor, a todos ellos les has dado tiempo para prepararse y a mí nada, eso sería muy injusto".

El sabio estaba tan interesado por el conocimiento de la mujer que decidió ofrecerle dinero, siempre y cuando los especialistas opinaran afirmativamente sobre sus ideas.

La mujer dijo, "Señor, a ellos no les has ofrecido dinero, por lo tanto tampoco sería justo que yo recibiera su dinero". El sabio se sintió desafiado y le dijo, "Mujer, si tu idea es buena, te bautizaré como sabia y te daré dinero". Ella dijo, "Señor, eso no tiene sentido, porque los dos seríamos sabios y con dinero". El hombre, viendo que era tan importante la discusión con ella, dijo, "Declaro ante todos ustedes, si esta mujer presenta un conocimiento insuperable, renuncio a mi conocimiento, seré su discípulo y le daré el dinero que quiera".

"Señor," dijo ella, "si renuncias a tu conocimiento y me das tu dinero, desaparecerían los eruditos y yo no tendría necesidad de venir a escuchar, ni de buscar otra idea, mucho menos  buscar dinero. Sería una mujer de especie rara en este mundo".

## Deshojando el cuento

La competencia para tener el mejor o superior conocimiento se da en todos los niveles. También hay personas que no se dejan sorprender porque tienen una manera de vivir y estar en este mundo. Siempre hay una justificación de la competencia, de pensar que las discusiones son inversiones para conocer los distintos conocimientos que flotan en el ambiente. En las discusiones se presentan las más variadas posiciones y cada una con su verdad.

Están las personas que no quieren integrar absolutamente nada de lo que consideran de menor importancia, para no deslegitimar lo bueno. Otras tienden a respetar y tolerar, pero sin el compromiso de sumar a lo suyo parte de los otros conocimientos. Un grupo minoritario considera la integración, pero sin mayores implicaciones.

Nuestro cuento nos enseña que hay un prejuicio contra los distintos conocimientos. Como dice Corvalán, es importante renunciar a los prejuicios[34] contra lo que consideramos menor o de pueblo, o desigual con respecto a la cultura superior.

Sin lugar a dudas la venta del conocimiento se considera natural, pero también hay personas que ponen en relieve que el dinero no lo es todo. Las tentaciones pueden ser grandes, pero mayor es la dignidad. Para los pueblos indígenas todo lo que se vende es parte de la dignidad. Este es un aporte a nuestro mundo actual de consumismo. La mayoría parece niño de pecho,[35] como dice Fromm, que no se sacia y por lo tanto el consumo y el dinero se vuelven indispensables.

174

---

34 María Eugenia Corvalán, *El pensamiento indígena en Europa*. Bogotá: Planeta, 1999, 17.

35 Fromm, *¿Tener o ser?*, 43.

Cada vez resultan tener mayor importancia y desplazan al ser humano en su dignidad.

La mujer nos coloca frente a una realidad que requiere de mucho esfuerzo. Las tentaciones de fama, de prestigio y dinero tienen la magia de atraer y hacer renunciar a los principios en que se cree.

Estamos frente a varias maneras de actuar y a distintos conocimientos. Al unirlos notamos la complejidad, a la que estamos invitados a adentrarnos en su seno y escudriñar las motivaciones al que se aferra. Esto es lo que hace tener criterio para valorar lo pertinente, los aportes de la oralidad y escrita de la palabra.

## 2.2 Valorizar la actualidad, la oralidad y escritura

Lo actual y presente sigue siendo la palabra, sea esta comunicada de manera oral o escrita. El hablar y escribir son dos maneras y cada una con su importancia. A la vez cada una con contenido distinto, porque hay una variedad de lenguajes[36]. Hay expresiones distintas sobre un mismo asunto, porque se desarrolla junto con la experiencia del ser humano en movimiento. Como dice Eco, "hablar es poner historias en escena".[37] Podemos deducir que este proceso también se aplica a la escritura.

No se puede comparar la oralidad con la escritura. Los que venimos de la tradición oral hemos visto lo sobrevalorado o la preponderancia de la escritura en nuestro medio social. En

175

36 Universidad de Costa Rica. *Comunicación y lenguaje*. Cátedra de Castellano, Escuela de Estudios Generales. Segunda edición revisada y ampliada. San José: UCR, 1980, 13.

37 Eco, 302.

la medida que cobra valor la oralidad, también se ha dado en auge en ser pueblos más visibilizados. Una trampa de la realidad es meter a los pueblos a los museos, lo cual justifica en que así fueron y así eran. Hay cambios, pero, como dice Garr, hace falta más, y todavía muchos pueblos están alejados de todo y no todos están en la sintonía de lo "occidental" para ser pueblos. Pero sí, consideramos de importancia escudriñar cómo en todos los pueblos hay influencia de la modernidad[38].

También es de reconocer las luchas y desafíos internos entre lo conocido o lo considerado como supremo. Esto tiene que ver con la manera de tratar de convencer a los demás de la supremacía de una manera de ser. Otros miembros se han dado cuenta de su propia realidad y sus conocimientos y que son aportes valiosos para la vida en muchos campos[39]. Para reflexionar de manera específica tenemos el siguiente cuento.

## LA MAGNITUD DEL ESCRIBIR A TIEMPO

Una persona de letras estaba en el pueblo y escribía todo lo que veía. La gente, al verla escribir, la llegó a conocer como "escribano". Un día escuchó el escribano a una anciana decir que ese día tenía una señal para la comunidad, pero el escribano no llevaba su nota y, por lo tanto, no escribió esa mañana. Llegó la tarde y se puso a escribir pero no recordaba exactamente lo que escuchó de la anciana.

Al día siguiente, tomó sus notas para entrevistar a la anciana para que le compartiera sus comentarios. Con entusiasmo

---

38 Thomas M. Garr, *Cristianismo y religión quechua. En la Prelatura de Ayaviri*. Cusco: Instituto de Pastoral Andina, 1972, 2.

39 Corvalán, 17.

llegó a la casa de la anciana para volver a escuchar de los consejos y apuntarlos. Le dijo, "Señora, usted dijo algo muy importante el día de ayer. Es una idea brillante, capaz de levantar a este pueblo por su importancia. ¿Me lo repite?"

La anciana le preguntó, "¿Crees que es importante?" "Sí, señora, es de suma importancia," dijo el escribano. "Señor, si es de importancia, ¿por qué dejaste pasar mucho tiempo para escribirlo? ¿Cómo es posible decir que es importante y ser capaz de dejar que el tiempo transcurra?"

## Deshojando el cuento

Aquí estamos frente a una realidad de importancia con entendimiento distinto de este concepto. La anciana nos hace escudriñar realmente a qué le llamamos importante. Nos hace viajar por las palabras mismas y su importancia como tales y el valor y las prácticas que les damos. Son dos aspectos: para la anciana valor y práctica van de la mano. La anciana aclara la idea de lo que es importante. También su tratamiento debe hacerse con interés. No puede quedarse en la espera y que el tiempo la transporta, porque aparte del olvido, su sentido también puede sufrir variaciones.

El cuento nos interroga, por el interés en abordar y poner realmente acento en el tema. Siempre hace falta aclarar la importancia que reclama, por su valor y actualidad. No es una lucha por el control y poder, sino la importancia de la actitud frente a la palabra y la escritura. En este sentido la anciana sólo hace que se siga el camino del sentido que se le ha dado. Esto nos hace pensar que la oralidad mantiene una estrecha relación con la escritura. Esto permite que cada persona fortalezca sus propias palabras con sus creencias. Esto es lo que hace ser una nueva humanidad, con sus palabras propias, pertinentes, adecuadas y reales, sin ser prisionera de razonamientos fuera de contextos.[40]   Para darle vigor a cada forma de comunicar, nos hará bien atender los consejos del siguiente cuento.

### EL VERDADERO CONSEJO

Un hombre fue a ver a unos maestros para que le ayudaran a mejorar su conocimiento sobre el cultivo, porque últimamente había tenido una cosecha baja.

Una vez con los maestros, cada uno comenzó a darle sus observaciones y consejos.

"Usted," dijo uno de ellos, "ha tenido poco cuidado, porque hubiera venido antes y no a última hora". Otro le dijo, "Cómo se le ocurre tener un sólo cultivo? Si tuviera variedad de cultivo, más de alguno le hubiera dado las ganancias que necesita.

Otro añadió, "No puedo creer que haya cultivado siempre lo mismo todos estos años".

Un cuarto maestro, que era el más crítico, arremetió al decirle, "¿Dónde ha vivido usted que usa la misma semilla y hasta ahora se ha dado cuenta que va perdiendo?"

El hombre se encendió de indignación, porque cada maestro lo acusó. "Yo acepto sus consejos o sus opiniones. Pero, no entiendo por qué dicen que yo tengo que cambiar de semilla. Para su conocimiento, cada año uso semilla nueva. Cada año, semilla nueva," repitió. "Pero ustedes, desde que vinieron aquí, para sus enseñanzas siguen usando esos libros viejos de hace muchos años. Ahora los jóvenes son más ociosos, violentos y ladrones. ¿No creen que necesitan cambiar de semilla una vez por año, y darse cuenta que no tienen buena cosecha de sus enseñanzas?"

40 Zea, 83.

## Deshojando el cuento

Las palabras tienen valor, sean escritas o habladas. Al compartir una idea se hace necesaria la relación entre conocimiento y práctica. Es obvio que los maestros no tienen por qué saber todo sobre la cosecha del campesino. Pero también es de reconocer nuestra limitación, para producir una ayuda mutua. Es común la actitud de tener siempre una respuesta a todas las preguntas. Si se nos pregunta el orgullo aparece y fluyen las respuestas. Pero más temprano que tarde nos conducirán nuestras respuestas a una situación incómoda y nos colocarán en entredicho hasta quedarnos como personas poco fiables.

El dar una palabra es tomar en serio a la persona, la misma palabra y el momento preciso, para que lleve fuerza. Esa fuerza es capaz de producir transformaciones, de ver posibilidades, de invitar a hacer algo más. Cuando esto no se produce, nos enfrentaremos a una discusión poco provechosa.

La actitud del campesino es humana. Iba por un consejo y buscó a los consejeros que los consideró oportuno para su situación. Los maestros tomaron un camino no transitable, lo cual hizo al campesino sentirse afrentado. También se sintió lastimado en su ego. Se encendió en él la furia y terminó con decir lo que probablemente flotaba en el ambiente.

Necesitamos tomar en cuenta la prudencia, el entendimiento del problema y el valor de la pregunta. Buscar consejos también puede resultar en un problema, que llevaría a una discusión poco útil.

La ausencia del valor pertinente a la actividad campesina, desvalora la oralidad y escritura. También coloca en situación de riesgo la dignidad de las personas participantes. Vale recordar que lo que se diga sólo es un punto de vista[41], que no necesariamente descansa en la misma situación en cuestión. Esto ayuda a no aferrarnos a ser especialista en dar respuestas. Como en todo caso, es necesario tener un criterio agudo para hacer ver lo poco visible, para no quedarse en espera de lo que se quiere ver. Para ello ofrecemos el cuento siguiente.

### No vieron lo que esperaban ver

Se dice que en un país de empobrecidos en su mayoría, llegó un grupo de personas de un país lejano y de grandes virtudes. El objetivo del grupo de visitantes era conocer cómo viven los indígenas. Una institución les había vendido la idea que los indígenas tienen poco pero viven alegres. Sus alimentos son naturales y viven un poco más de tiempo; casi no visitan a los médicos y hospitales; han desarrollado su conocimiento en las plantas medicinales y tienen una práctica de su espiritualidad.

La institución existía por las ganancias que dejaba cada grupo de visitantes. Esta institución contactaba a personas y a familias que las usaban como modelos para vender esa imagen del indígena. Habían hecho arreglos con las familias sobre qué debían hacer y más o menos qué podían decir a los visitantes. Eso siempre lo hacían y las familias seguían estos dictados. Pero esta vez el abuelo estaba presente cuando se hicieron todos los arreglos.

---

41 Wright Mills, *La imaginación sociológica*, 147.

Los visitantes fueron conducidos a la casa de la familia. Ese día el abuelo dijo, "Vamos a comer de todo, así es que cuando vengan las personas comeremos de todo".

Llegaron a la casa los visitantes, fueron presentados, la familia se presentó, luego dialogaron sobre varios temas. Llegó la hora de la comida y los visitantes fueron convidados por sus anfitriones.

Aquella familia colocó sobre la mesa abundante gaseosa y una comida grasosa, porque había comprado comida rápida. Todo eso les sirvieron. Aquellos visitantes se marcharon decepcionados al ver aquella mesa con comida nada saludable.

Cuando se habían marchado los visitantes, el nieto adolescente preguntó al abuelo, "¿Por qué hemos comido todo diferente este día? La gente de la institución se puede molestar porque nos dijeron que comiéramos verduras y frutas con los visitantes".

El abuelo dijo, "Hijo, después de escuchar y de pensar lo que nos habían pedido hacer y decir, su interés era mostrarnos a esa gente y efectivamente es lo que sucedió. Ni los que trajeron a ese grupo, ni el grupo mostró un interés por nosotros. Ellos no vinieron para valorarnos como personas, sólo querían vernos como vivimos. Ya les habían vendido la información como vivimos, los otros compraron la idea y sólo necesitaban comprobar que la compra y venta era exactamente lo ordenado, lo que ya saben y suponen que es un indígena. Esa gente que viene estará muy agradecida con la institución, hasta le darán regalos y reconocimientos, pero a nosotros, nos tendrán en último lugar. ¿Acaso es justo ser exhibidos como cualquier mercancía al gusto de una institución y satisfacer la curiosidad de los visitantes?"

181

## Deshojando el cuento

Sin lugar a dudas, es necesario definir lo que realmente es importante para conocer y ver. Nuestro cuento nos indica que sobre las cosas y acciones es la persona que es la importante. Esto indica que no puede darse la oralidad ni la escritura sin el ser humano. En una misma se dan los distintos aspectos, articular, dar, recibir y re-articular. El abuelo tiene una interpretación de la realidad que se centra en la persona, su razón de ser y su importancia. Su preocupación es mostrar que la manera en que la institución pedía, no es la adecuada porque no radica en la persona ninguna importancia.

Probablemente antes funcionaba la idea de la institución de exhibir, y las personas compraban la idea. Pero deja de lado el calor humano, el sentir la cercanía, para apreciar el valor de las palabras, los pensamientos y las acciones. La relación debe ser más humana, no se pueden satisfacer los ojos. La satisfacción, aparte de ser integral, debe ser de todas las partes involucradas. La manera de vivir de cada pueblo no puede ser considerado como un acto de circo, porque degenera la dignidad de las personas, a quienes exhiben y a las espectadoras. Pero mayor es el acto denigrante si se venden las exhibiciones. Es difícil poner límites alrededor del intercambio, porque es una necesidad y cada pueblo, familia y persona pone los criterios.

Debemos entender que el intercambio es una enfermedad que afecta a todas las sociedades, y solo se cura con la continuidad

y genuina reciprocidad. Es de interés abandonar los factores que han incidido en la práctica de un supuesto intercambio, que legitima los deleznables hechos contra muchos pueblos. Parecen alimentar la práctica de corrupción, porque se persigue únicamente ganancias. Debe aflorar la dignidad en todas las manifestaciones humanas.

## 3. Intercambio de conocimientos como ejercicio espiritual

El conocimiento tiene rostro, tiene lenguaje[42], es diverso. En algunos casos, mejor, en otros se hace especial, más que otro, cuando es fruto del espíritu. Pero nada es lineal sino que está en constante movimiento por la fuerza del espíritu. Como el caso del intercambio de conocimiento como ejercicio espiritual, puede hacer sentir un gusto por la vida o vaciarla y perder sentido. El conocimiento se puede considerar que ya es una manera de ser, de vivir y de compartir este mundo en espíritu.

No podemos escapar de la realidad presente de nuestras sociedades: hay una ausencia de espiritualidad. No se puede pensar en llenura por el conocimiento, aunque hay mucho. La humanidad actual se debate entre la seguridad e inseguridad de sí misma y del cosmos. El espíritu ha dejado de moverse y la humanidad se queda en suspenso, en riesgo; la ceguera se ha apoderado de ella; la avaricia le invade; su destrucción es inminente. Hace falta colocar nuevamente sobre el espíritu los conocimientos para que nuestras sociedades marquen un paso de manera distinta[43].

Todo intercambio es comunitario. Esto lo hace diverso, multiforme. Se asienta sobre valores. Genera nueva palabra, nuevo lenguaje, una nueva humanidad. Los discursos sobre el conocimiento se hacen profundos por la iluminación de la espiritualidad. Cuando los conocimientos se conectan, hay un verdadero intercambio y se hacen ver los rostros verdaderos de la humanidad. Se hace práctica y convoca a la humanidad a tener la experiencia desde el espíritu.

---

42 Panikkar, 172.

43 Ibíd., 162.

Esto hace regenerar nuestra creencia[44] en Dios. Se intensifica y se refleja en las prácticas de los distintos pueblos. Se hace singular porque es la manifestación de la espiritualidad, y los momentos de experiencias son de esperanza.

La grandeza del ejercicio espiritual es su proceso espiral o circular, por lo tanto las críticas no toman fuerza. De lo contrario se aceptan las críticas y se abre a las verdades particulares para estar en sintonía con la Verdad-Espíritu que se sobrepone en lo nuestro, propio, humano[45]. Para profundizar nuestro entendimiento al ejercicio espiritual, tenemos el siguiente cuento.

### EL CONOCIMIENTO QUE ALIMENTA EL ESPÍRITU

Una persona muy practicante de su espiritualidad llegó a un pueblo de gente sencilla. Comenzó a vivir con una familia del vecindario. Mientras tanto, buscaba a un hombre o una mujer de práctica espiritual y esto lo comentó a la familia.

La abuela de la familia preguntó al hombre, "¿Cómo es la persona de práctica espiritual que buscas?" Esa persona, al ver el interés de la abuela, supuso que podría ayudarle a encontrar a esa persona y le dijo, "Busco una persona con una práctica auténtica de espiritualidad. He buscado en varios pueblos, sin encontrar a alguien. Creo que encontrar a una auténtica practicante de espiritualidad lo hace ser una verdadera guía espiritual. Sé que es difícil encontrarla, pero sigo buscando".

"¿Qué harás al encontrarla?" preguntó la abuela. Ella respondió, "Será mi mayor éxito. Viviré feliz. La escucharé

---

44 Llanque Chana, *La cultura aymara*, 95.

45 Ibíd, 102.

con emoción y devoción todos los días y practicaré sus enseñanzas.

La abuela le dijo, "Hombre, sigamos dialogando sobre la vida, mientras encuentres a esa persona. Disfruta las mañanas, los atardeceres, sobre todo la compañía de Dios que va siempre muchos pasos por delante. Dios te dé momentos agradables, sabiduría en las adversidades, en la angustia mucha paz. Tu experiencia de vida, sea de momentos inolvidables".

Un día la anciana amaneció muy enferma, y la persona visitante llegó a su habitación y le preguntó cómo se sentía y si había tenido alguna búsqueda. La anciana dijo, "Sí, busqué a una persona autentica consigo misma, que escuchara y fuera capaz de poner en práctica lo que escucha, despertara cada mañana con la belleza del amanecer y recreara sus nobles pensamientos y siempre se sintiera cerca de Dios. Es difícil encontrar a una persona así." En ese momento aquella mujer dio su último suspiro. Entonces aquella persona buscadora al fin pudo ver en la mujer que se marchaba, a la persona que buscaba.

## Deshojando el cuento

Las maneras como hemos sido enseñados nos hace ser poco receptivos a las palabras portadoras del Espíritu, de vida, de esperanza y de quietud. La separación entre espíritu y mente no nos lleva a reconocer la fuerza de la vida que nos rodea. Aunque estemos inmersos en la realidad del espíritu, no lo estimamos. Nuestras ideas raras nos inducen a tener una imagen, y tras esa imagen se orienta y se pierde la visión humana.

185

Un ejemplo antiguo es la historia que nos narra el evangelista Lucas en el capitulo 24, sobre el camino a Emaús. Entre estos hombres había diálogo, daban muestra de conocer los últimos acontecimientos, pero poco valor le daban a ese encuentro de sus espíritus con las palabras de Jesús. Aquellos hombres sentían en su espíritu la vibración, pero no daban crédito. Les era mejor hablar y hablar sin detenerse a lo que escuchaban y sentían. A su escucha no la dejaban que tuviera la conexión con todo su ser. Tenemos ese velo en los ojos, nuestro ser cubierto de un manto. Aunque camine junto a nosotros el conocimiento que alimenta nuestro espíritu, lo ignoramos.

El estereotipo de una práctica auténtica de una persona de espiritualidad distorsiona toda la visión. Podemos decir que la práctica del conocimiento es de espiritualidad porque nos hace ser sensatos. Sensatez que alimenta el conocimiento y nos inculca a la sabiduría de una y otra manera. Se muestra sencillo para despertar nuestra sensibilidad. Para eso es importante que nuestro ser esté vigilante a todo lo que nos rodea con sus lenguajes.

Es, pues, importante usar nuestros sentidos. Puede estar en las palabras, por lo tanto es necesario aprender a escuchar y tener una escucha diferente a la manera acostumbrada, porque pueda ser que no estemos atentos. También es interesante tener los ojos abiertos para ver, porque puede estar ante nuestros ojos sin darnos cuenta, sino hasta que se marcha. Podemos sentir en las expresiones, pero hemos dejado de lado la importancia de nuestros sentimientos, por lo tanto desaprovechamos.

Nuestro cuento indica que el alimento del espíritu no pasa por la cabeza, por los conocimientos, sino primero pasa por los sentimientos, para llegar a la cabeza y hacer florecer los conocimientos.

Para mejorar nuestro conocimiento y alimentar nuestro espíritu tenemos el siguiente cuento.

## A CADA UNO SU RESPUESTA

Un hombre conocía mucho de espiritualidad y era considerado de gran conocimiento. Un día decidió visitar a una anciana que ayudaba a su comunidad acertadamente. Este hombre decidió hablar con la anciana; si le gustaba el diálogo seguiría visitándola, si no, pues, dejaría de visitarla. Desde el primer momento que la conoció, quedó encantado con lo que escuchaba de la anciana, por lo que le pidió permiso para escuchar sus consejos a los distintos visitantes. La anciana accedió a la petición.

Un día llegó un visitante que rogaba con mucha pena a la anciana que le ayudara. "Mi problema es grande. Siempre rezo a Dios, pero quiero saber si en esta condición de mi vida, Dios me va a ayudar". Después de rezar la anciana, le dijo, "Sí, Dios te va a ayudar".

Otro día llegó una mujer elegante. Contó a la anciana que había sido devota, pero que ahora, por su conocimiento, poco creía en Dios, pero quería saber si Dios le ayudaría en su nuevo proyecto. La anciana después de rezar dijo, "No, no te va ayudar Dios".

El hombre visitante estaba presente y se sintió tentado a preguntar a la anciana. Le dijo, "Tengo un problema. Me falta tener horizonte, pero de vez en cuando me acuerdo de Dios. Quiero saber si usted como anciana cree que Dios podría ayudarme".

La anciana lo miró, agachó la cabeza y musitó, "¡Pobre hombre!" Luego guardó silencio. No contento el hombre, rompió el silencio y le preguntó, "¿Por qué no tiene una respuesta para mí como has hecho con las anteriores personas?" La anciana suspiró, y le dijo, "Señor, tú sólo has hecho la pregunta por curiosidad. Es improvisada. ¿Cómo es que dices que tienes conocimiento y que practicas tu espiritualidad?"

## Deshojando el cuento

No siempre la práctica de la espiritualidad instruye en conocimiento profundo. Tampoco es mágico que alguien que se considera practicante de la espiritualidad sea de profundos conocimientos. No es necesaria una investigación minuciosa para llegar a conclusiones satisfactorias. El hecho mismo de investigar no nos hace mejores de quien investigamos.

Las respuestas de la anciana para cada caso fueron simples. No se puede tomar la experiencia propia como la medida para las demás prácticas de espiritualidad. El conocimiento de una manera de la espiritualidad no es suficiente para determinar la validez o invalidez de las otras prácticas.

Todo conocimiento cobra su propio valor al intercambiarlo con otros. Esto nos permite discernir entre el conocimiento que surge del espíritu de muchos otros conocimientos. Como nos muestra la anciana de nuestro cuento que no es sólo decir que se tiene una práctica, sino que eso se manifiesta en las acciones y en el diálogo, en este caso en la pregunta.

Nadie puede indicar lo que es un conocimiento desde el espíritu, sino cuando se cierra las posibilidades de dialogar y que el compartir queda en un mero deseo. Pero hay que seguir en la búsqueda de aquel conocimiento que nos lleve a una nueva enseñanza- aprendizaje.

### 3.1 Buscar alternativas de aprendizaje-enseñanza

Para distintos pueblos, es inequívoco que el camino del aprendizaje-enseñanza se origina en Dios. En varios mitos sobre la creación del hombre fue para hacer algo, sea cuidar la naturaleza o perpetuar el nombre de su Creador. Esto hace pensar en que la mejor enseñanza es aquella que proviene de un aprendizaje del origen. La manera de algunos pueblos es el de reconocer la interdependencia con el Creador de la vida. Esa es la razón del por qué no tienen que explicar todo el proceso sino solo el origen, porque viene del Espíritu para el espíritu[46].

## 🌿 NATURALEZA DE APRENDER

Una persona buscaba aumentar su conocimiento. Buscaba distintas maneras para hacerlo. Para lograr sus propósitos fue a visitar a una anciana. Mientras esperaba ser atendida, escuchó a un niño contar que había aprendido de la naturaleza mucho, mucho.

Decía el niño, "La última vez que salí de aquí vi a una rana saltando y de pronto llegó cerca de un escorpión. Mientras la rana no se movía, no había peligro, pero en un instante se movió un poco, el escorpión dio el picotazo y murió. Otro día iba por la vereda y vi a unas palomas comiendo semillas en el camino. En un abrir y cerrar de ojos apareció un gavilán y se llevó a una paloma en sus garras, y solo quedó el plumaje por todos lados. Gavilán y paloma desaparecieron en el espacio, las otras palomas espantadas". Continuo el niño, "Días después yo iba caminando a la orilla del río, que estaba lleno de peces. De pronto del cielo una bola oscura irrumpió. Vi cuando salpicó el agua y en las garras del gavilán estaba un pescado. El gavilán con el pescado sobrevoló el lugar dos veces y se alejó con su presa en sus garras".

Luego el niño contó que sembró dos semillas de flores, una de color blanco y otro de color rojo. Las dos semillas germinaron. Cada planta creció y dio su flor, pero pequeñas

189

---

46 Llanque Chana, 103.

manchas tuvo la blanca de roja y la roja de blanca. "Creo que se quieren mucho por eso," concluyó diciendo el niño.

Cuando el niño concluyó en contar sus experiencias a la anciana, ella le dijo, "Ves, ahora te has movido y has observado, tus ojos vieron, tu mente pensó, tu imaginación floreció y tus palabras cobraron sentido, fuerza, esperanza y vida". Cuando el hombre escuchó la experiencia del niño y las palabras de la anciana, no dijo nada. Se alejó del lugar en silencio y buscó tener alguna experiencia antes de preguntar a la anciana sobre el aumento de su conocimiento.

## Deshojando el cuento

El deseo de aumentar conocimiento es un acto humano. Para eso es importante el intercambio con los conocimientos diferentes, que diversifica las maneras de aprendizaje y enseñanza. La búsqueda debe ser genuina, que hace que los sentidos estén despiertos. Hace estar sensible a las palabras y a los conceptos que contribuyen a nuestro conocimiento.

Sin lugar a dudas, todo lo que nos rodea tiene mucho que aportarnos: la naturaleza, los niños y las ancianas, como el caso de nuestro cuento. El lenguaje de todo siempre está presente, pero escucharlo con sus propias palabras, sin temor ni prejuicios, resulta ser una virtud. Para la anciana, tiene una enorme importancia el uso de todas las facultades humanas. Para el niño, sus facultades desarrolladas le son una novedad.

Cuando cobran importancia las facultades, es un indicador de haber compartido y haber iniciado el camino del aprendizaje-enseñanza. La admiración en todo es fundamental.

En nuestro cuento el niño admiró lo que había experimentado y a la vez se admiró a sí mismo y también recibió admiración y la corroboración de haber usado todas sus facultades. Esa admiración trasciende en conocimiento e involucra a muchas otras personas, cercanas y lejanas.

Aquel hombre que creía tener conocimiento y que sólo necesitaba aumentarlo, fue cautivado por tanto conocimiento adquirido por el niño. Esto nos indica que siempre se desarrolla el conocimiento aún donde pensamos que no se podría dar, en este caso en el niño y la naturaleza o la relación con la anciana.

El aumento del conocimiento se da en la escucha del otro, en comunidad. Tiene importancia el comprender que la fluidez del conocimiento lleva al entendimiento y comprensión entre las personas y hay satisfacción por lo adquirido.

Necesitamos movernos, no se puede estar estático. También necesitamos compartir. No es para sí el conocimiento, sino que cuando se comunica lo observado o los conocimientos a las demás personas se llegan a comprender su importancia.

El aspecto al que debemos prestar atención es que las cosas están allí, pero nosotros no las vemos, porque nuestros ojos no están acostumbrados a observar todo. Nuestra mente no registra todo, porque está educado a pensar en una parte, de una manera. La imaginación se hace presente y todo lo hace tan real, presente y susceptible a nuestros sentidos.

Los pueblos se representan en el niño y en la anciana, porque han usado la admiración y la emoción. De alguna manera aprendemos y ahora son importantes para nuestro aprendizaje-enseñanza las emociones. Estas son capaces de descubrir la desfachatez o el engaño y para eso tenemos el siguiente cuento.

191

## LAS EMOCIONES VERDADERAS

En un lejano pueblo vivía una muchacha de corazón noble que se enamoraba muy rápido. Un hombre quería conquistarla y para ello se quiso pasar por mago. Cuando la muchacha lo vio se enamoró de él. Cuando le propuso ser su novio, era por engaño. Ella le manifestó su alegría de ser la novia. El supuesto mago contaba su hazaña, de haber engañado a la muchacha más noble. Un día cuando el novio visitó a la novia, ella le dijo, "Hombre ¿por qué no eres sincero contigo mismo? Te mostré mi amor para que te arrepintieras de ser un malvado, pero veo que no aprendiste nada."

Otro hombre la vio caminar agraciada. Se le acercó y le contó todo cuanto había aprendido y lo que era capaz de hacer. Contaba de sus maestros, sus enseñanzas, sus dichos y sus palabras. La muchacha se enamoró de él. Para ganarse más la ternura de ella le contó de sus lecturas, sus proyectos de estudio. Cuando él pensó que la había cautivada le propuso ser su novia. Ella, sorprendida, le dijo, "Pero, ¿acaso puedes tenerme a mí y a la lectura?"

La fama de ella se había extendido que podía descubrir las emociones falsas de los hombres. Unos hombres se sentían valientes, se acercaron a la muchacha y le dijeron que conocían a un joven sabio. Le contaron de sus cualidades y, sin verlo ella, por lo que decían sus amigos, se enamoró de él. Al ver que ella mostraba tanta ternura por él, tuvieron compasión y le contaron toda la verdad. No existía tal joven sabio. Le repetían que dejara de llorar. "Ya pasó, ya no llores". Se sintieron culpables y le pidieron perdón, pero la muchacha guardó silencio. Le pidieron que les perdonara. Después de unos días la muchacha accedió y dijo, "Es el colmo de esta humanidad que haya gente como ustedes que se burlan de los demás. Yo sé que me enamoro de verdad porque me amo a mi misma. Ahora deben entender que mi amor es capaz de descubrir esos sentimientos de hombres frustrados, falsos, altaneros y hasta de estúpidos y mentirosos como ustedes".

## Deshojando el cuento

Así decían las abuelas y los abuelos que eran los pueblos de estos lados, que recibían con agrado todo. Nuestros pueblos se parecen a la muchacha. Vino la gente y ofrecimos a brazo partido todo; luego nos saquearon. Volvimos a creer en ellos, pero nos consideraban inservibles y nos abandonaron. La relación con los otros pueblos ha sido de amor, pero sin ser correspondido. Porque tenemos un pensamiento distinto. Por ese amor propio, somos capaces de dar amor. La gente de otros pensamientos, el del pensamiento occidental, no pudo comprender y tampoco ahora puede hacerlo.[47]

Los pueblos que creen en la persona hacen el intercambio inmediato. No está en el imaginario del cuidado que se debe tener porque puede ser un charlatán, saqueador y asesino. Cuando se han perdido los valores, poco importa la dignidad propia y de las otras personas. En el contexto actual asistimos aún más a esta pérdida de valores[48].

El estigma es que de los pueblos empobrecidos no hay nada que aprender. Esta idea se mantiene en algunos círculos. El hecho es porque está en el imaginario "el salvaje". Sin embargo, otro sector desde el s. XVIII reconoció que estos pueblos tienen conocimientos de todo lo que les rodea y dan razón por su experiencia[49].

Nada extraño son las manifestaciones. Hay reclamos de los movimientos indígenas en distintos países. Hay sectores

47 Corvalán, 26.

48 Jesús Espeja, *El evangelio en nuevas culturas*. Estella (Navarro): Verbo Divino, 1992, 119.

49 Cornelius De Paw, Williams Robertson, José Pernetty y Luigi Brenna, *Europa y Amerindia. El indio Americano en texto del siglo XVIII*. Quito: Abya-Yala, 1991, 85.

de otros pueblos que se solidarizan con los pueblos y sus demandas. Tampoco son extrañas las arremetidas de violencia contra los movimientos y donde el victimario, al interpretar su ley, se presenta como víctima.

Siempre hay grupos que nos venden nuevas ideas. También los pueblos se van dando cuenta y descubren. Como en el cuento, el amor hacia sí mismo permite la ponderación de lo que hace, da y recibe. Es parte de la integridad. Esto ya se había dicho antes de nuestra era, por Platón, que la virtud es mantener el equilibrio entre cuerpo y espíritu[50]. Los pueblos indígenas y empobrecidos mantienen esta práctica. Es un don del Creador dado a los seres humanos. Por lo tanto es patrimonio de la humanidad, sean griegos, incas, aztecas, mayas u otro pueblo.

Es importante cultivar el verdadero amor por la vida. Esto hace tener profundo sentimiento, capaz de discernir y comprender los sentimientos de dolor y muerte que nos rodean. Para el logro de este sentimiento es necesario aprender de nuestras ignorancias. Para ello tenemos el cuento siguiente.

### HAY QUE APRENDER DE LA PROPIA IGNORANCIA

Había una persona que creía que tenía mucho conocimiento y llegó a una comunidad. Allí buscó y encontró a una pareja que era muy respetada. Los tres juntos fueron aceptados como eruditos, guías espirituales, justos y de servicio a la comunidad con voluntad. La comunidad tenía mucha

---

50 Antonio Gómez Robledo, *Platón. Seis grandes temas de su filosofía.* México, D.F.: Fondo de Cultura Económica, 1986, 12.

confianza en ellos. En cualquier situación los buscaban para recibir de ellos los consejos pertinentes porque hacían inspirar a la gente en lo espiritual, social, cultural y hasta en lo económico. Tanto era el aprecio que recibían, que estas tres personas se consideraban afortunadas por tener una comunidad tan especial. En la comunidad eran tenidas por personas excepcionales.

De pronto en la comunidad murió un niño, a los pocos días una joven, luego otro joven. Días después una mujer tuvo un aborto. Otra madre parió su bebe pero días después murió. Aquella comunidad se inundó de tristeza, las familias destrozadas. Los gritos de angustia y los llantos se escuchaban en toda la comunidad.

Un día la comunidad se reunió y buscó a las tres personas sabias, para escuchar cuál era su consejo ante el dolor que vivían las familias que estaban experimentando pérdida de sus seres queridos. La comunidad les preguntó, "¿Qué ha pasado que la muerte se ha llevado a varios miembros? ¿A cuántos más llevará? ¿Qué debemos hacer?" En ese momento el hombre que había llegado recién a la comunidad, comenzó a dar algunas indicaciones, luego dijo, "Pero todas son sólo posibilidades, no hay nada seguro".

Por aparte, la pareja no decía nada. Un miembro de la comunidad le preguntó a la señora, "¿Puedes ayudarnos ahora?" Ella y su esposo agacharon la cabeza y dijeron, "Hermanos, creíamos tener conocimiento, pero ante esta angustia, este dolor y pérdida de familiares, nos damos cuenta que no sabemos nada. Si alguien quiere ayudar en este momento puede hacerlo. Nosotros saldremos a buscar el verdadero conocimiento". Quedó aquel hombre en la comunidad, pero nadie lo visitó después de aquella situación de tristeza.

195

## Deshojando el cuento

Hay una necesidad actual en la humanidad de tener conocimiento. De hecho, en algunas áreas se ha desarrollado de manera increíble. Sin embargo, en el nivel humano falta mucho por hacer. Lo vemos en la escalada de violencia en todos los niveles, desde los más descarados hasta los más sutiles.

Cuando se encuentran los eruditos, podemos ver que son capaces de trabajar en equipo, pero se distinguen dos áreas que se confrontan. Algunos equipos desarrollan proyectos de envergadura y de utilidad aunque sea para unos más que otros. Otros se dedican a alimentar la guerra. Nuestro cuento en cuestión nos muestra que no cabe duda en que no tenemos respuesta a todas las preguntas. Tampoco debemos tenerlas, ni tener los consejos ante todas las circunstancias en que nos desenvolvemos cada día.

El verdadero conocimiento exige claridad en una dimensión especial, la sencillez en aceptar los límites. Las situaciones contribuyen para comprender los límites de nuestras capacidades. El hecho de ser considerados importantes por la comunidad es una oportunidad de servicio. Pero llegar a sentirse importante es un riesgo que tarde o temprano exigirá mayor conocimiento o caer en descrédito.

Las respuestas a medias podrán ser consideradas como funcionales a corto tiempo. Luego se constituirán en una carga pesada que llevará hasta la sencillez. Por eso es preciso concluir en aceptar la frontera de las fuerzas. Entre conocimiento y situaciones hay un proceso de intercambio que también se traduce en enseñanza-aprendizaje.

Sin embargo, llegar a reconocer los límites es comprender nuestra función, incluso la razón de nuestra existencia.

Queda ilustrado en nuestro cuento que aquel hombre no se dio cuenta que su conocimiento había sido superado por las circunstancias. Esto indica que si el conocimiento quiere ser ideal debe estar al lado de la vida siempre. No puede tener sentido de oposición entre los intereses de los conocedores y los intereses de la sociedad.

Es de reconocer que el conocimiento tiene un límite y puede ser superado por la realidad. Es de examinar con detenimiento y con inteligencia, cuando se requiere volver a enriquecer el conocimiento.

## 3.2 Potenciar lo cotidiano

Estamos llegando al final de este trabajo. Hemos llegado a la mazorca (maíz) y terminamos de deshojar. Nos hemos basado en los cuentos para tejer nuestro pensamiento. El desarrollo de la vida, del diálogo y del conocimiento se da en la experiencia diaria junto a los demás, sin prejuicios ni agendas dobles.

Es de reconocer que los pueblos conocen y viven su cotidiano y saben que es dinámico porque todo está entretejido. Lo que sucede al ser humano afecta a la misma naturaleza o viceversa. Cada aspecto está interrelacionado. Se mezclan con las experiencias y producen alegría o tristezas según las cuestiones presentes y circundantes.

Lo que admiran algunos es el humor de los pueblos a pesar de sus situaciones adversas. Esto los ha hecho sobrevivir. Podríamos decir que han desarrollado una filosofía que no necesariamente descansa sobre la lógica racional.[51] En este

197

---

51 Corvalán, 27.

sentido Panikkar indica que el humor libera a la razón.[52] El tiene razón, porque el humor es del corazón, y por eso se puede ver la fuerza inquebrantable.

Aquellos aspectos valorados, y de donde emanan los valores, han sido conservados. Sus idiomas, su manera de ser, la práctica de su espiritualidad, su visión de estar y vivir en este mundo les aseguran su identidad[53].

En lo cotidiano nos damos cuenta que no puede darse como base una experiencia o una palabra, sino que se entretejen, se diferencian, se tratan y se contradicen, todo como parte de la dinámica de la vida. Algunos atribuyen todo a la razón y consideran que todo se hace mejor si se conoce la manera de hacerlo.[54] Pero hemos aprendido que no se debe reducir[55] lo cotidiano a una manera en particular. Porque no se puede evitar la relación con lo cotidiano. Hacerlo sería ubicarse en un extremo. Un extremo es a la vez una exclusión de lo otro o auto exclusión. Esto no conduce a ninguna parte sino que inmoviliza y desgasta energía. Por eso los pueblos se mantienen por hacer florecer en lo cotidiano toda experiencia y realidad.

La cotidianidad es afectada porque tiene un reflujo de muchas otras expresiones. En los pueblos empobrecidos y relegados es notorio. Consiste en pensar que pertenecen a la historia oficial, por lo tanto tienen un dueño[56]. Para mantenerse en el camino los pueblos mantuvieron siempre la actitud de consulta, antes, durante y después de cada caso por hacer o

52 Panikkar, *La nueva inocencia*, 97.

53 Ibíd.

54 Hall, *El lenguaje silencioso*, 8.

55 Irarrázaval, *Inculturación. Amanecer eclesial en América Latina*, 210.

56 Varios. 1492-1992. *La interminable conquista. Emancipación e Identidad de América Latina 1492-1992*. San José: DEI, 1991, 14.

decir. La voz de la experiencia se hace presente en lo cotidiano. Los ancianos y las ancianas han sido escuchados y respetados. Siempre lograron tener una palabra distinta para un mundo diferente. Es la voz de la experiencia[57], de esperanza y de vida. Para adentrarse en nuestro entendimiento de ese mundo tenemos el siguiente cuento.

### No es fácil imitar

Una persona de gran prestigio quería mantener su fama. Convocó a un concurso de científicos y anunció que a quien podía llevar la mejor planta de maíz en cinco años le daría toda una fortuna.

Los científicos trabajaron durante los cinco años para tener la mejor mata de maíz. Llegó el momento y todos llevaron su mata del laboratorio a la sala de exposición. La gente aplaudía la hazaña realizado por cada uno. Pasaba una niña y escuchó la algarabía e ingresó a la sala y vio las matas. Después de aplausos, menciones honoríficas y felicitaciones, la persona de fortuna preguntó, "¿Alguien puede lograr traer matas de maíz en menos tiempo de lo que estos hombres han logrado en cinco años?" La niña, sudorosa todavía, sin más dijo, "Sí, es posible en menos tiempo".

Esta persona se olvidó del jurado en su curiosidad por saber como una niña podía decir que se podía. Se dirigió a la niña y le preguntó de su opinión sobre las matas tan hermosas en exhibición. "¿Quieres decir que estos hombres no han hecho bien su trabajo?" preguntó. La niña se quedó en silencio. "No puede ser que una niña sea capaz de desafiar a la ciencia," dijo uno de los participantes. Otro añadió, "Nadie puede venir a decir lo contrario porque hemos comprobado todos los procedimientos y son fiables".

---

57 De Paw, 84.

La niña, temblorosa, al fin tomó la palabra, "Opino que las matas son muy buenas, grandes, pero si una niña campesina como yo se tardara en producir una mata de maíz cada cinco años, ya estuviéramos muertos de hambre. Mi padre en vida, me enseñó a sembrar muchas matas anuales y por eso sobrevivimos".

## Deshojando el cuento

La ciencia no se pone en cuestión a menos que la cuestión sea un asunto práctico que no puede sorprender al oyente, si es parte de su experiencia. Sin embargo, es de reconocer que la ciencia tiene su profundidad, que es la misma condición de la experiencia. Se debe tener cuidado para que uno al otro le sea de ayuda. Todos los esfuerzos tienen sus méritos, los resultados son valiosos, ponerlo al escrutinio de los demás se hace notar su importancia.

En muchos casos, el aprendizaje se da de manera fortuita. Aparece y se manifiesta de la manera menos esperada, como nos muestra nuestro cuento. El concurso se desarrollaba entre científicos, pero la niña hizo su aparición y tuvo la oportunidad de expresar su idea desde su experiencia. A la vez la sensibilidad del promotor del concurso puso interés en la divergencia.

La interrelación es fruto de sensibilidades, de interés en compartir, de aprovechar las oportunidades de escuchar lo distinto. En esto podemos considerar la idea de Hegel en la igualdad de los "hombres"[58] y en la participación que da mayor importancia a la interrelación.

---

58 Zea, 82.

La experiencia del querer vivir hace cultivar el conocimiento. Muchos de estos son legados de los ancestros. En este caso, por la misma miseria al que son sometidos los campesinos, aprenden a convivir con la naturaleza. Lo que Hegel llama el esclavo se hace libre [59] por su relación con la naturaleza y ella le enseña sus secretos.

De hecho la amplitud de la enseñanza de la naturaleza y la obligación que produce el empobrecimiento, desarrollan cierto conocimiento. Si la naturaleza enseña, es de encontrar el secreto de la enseñanza y aumentar el conocimiento. Esta es la razón al que nos lleva a pensar que la grandeza de la naturaleza produce el milagro del conocimiento. Para profundizar tenemos el siguiente cuento.

### EL MILAGRO DEL CONOCIMIENTO

Una mujer sencilla pero de gran talento sentía la necesidad de aprender algo nuevo para ayudar y servir a su comunidad. Después de días de pensar en qué dedicarse, se presentó ante un hombre de muchos estudios, para ver qué le podría enseñar. "Maestro," le dijo ella, "¿qué conocimiento me puede enseñar, que sea útil para mí y para mi comunidad?" El hombre la miró de pies a cabeza y le dijo, "Señora, con esa cara y con la presentación que tiene no puedo perder mi valioso tiempo. El aprendizaje es sólo para hombres y mujeres inteligentes". La mujer no se dio por vencida y le dijo, "Señor, deme una oportunidad. Yo haré todo lo posible hasta el sacrificio si es importante." El hombre le respondió, "Tal vez usted, señora, puede hacer el sacrificio, pero el problema es que no tiene el perfil que se necesita, para que obtenga nuevo conocimiento".

---

59 Ibíd.

Aquella mujer salió triste y solloza de la casa de ese hombre. En camino hacia su casa, encontró a otro hombre considerado como sabio. Este hombre se le acercó y le preguntó, "¿Qué te pasa, mujer? Te veo muy triste, pero gracias a Dios tu corazón guarda mucha esperanza. Cuando tu tristeza te abandone, ve tras la esperanza que llevas dentro. Cultiva la esperanza y no permitas que nadie te la arrebate, porque es más valiosa que toda riqueza". Esas palabras llenaron tanto el corazón como la mente de aquella mujer. Al llegar a su casa dejó de llorar y abrazó con energía los pocos conocimientos que tenía y se puso al servicio de los necesitados. Se cuenta que desde entonces su comunidad la consideraba una mujer llena de sabiduría.

## Deshojando el cuento

Muchas veces el deseo de aprender algo se presenta y se hace todo sacrificio para cumplir con esta aspiración. También podemos equivocarnos en acercarnos a las personas que consideramos que tienen mucho conocimiento, pero poco entendimiento en contribuir con el conocimiento de la otra persona. Esto es lo que hace tener grupos de privilegio y la gran mayoría desfavorecida.

Una actitud y palabra auténticamente transformadoras fueron capaces de despertar el corazón de aquella mujer. Esta actitud se distingue de los obstáculos, los estereotipos, los criterios inflexibles y las normas que se establecen para admitir o discriminar, que en nuestro cuento era la apariencia. No hay manera de superar los impedimentos si quien los ejecuta no hace ninguna excepción. Es enfrentarse a la irracionalidad de la razón. Esta no invita sino aísla, no penetra en todo el ser sino fragmenta. Esto es lo que produce dificultades y limitaciones teóricas para comprender las dimensiones del conocimiento. Si aplicamos esta situación a los pueblos indígenas, nos daremos cuenta que no lograremos avanzar en la interpretación del mundo indígena[60].

Siempre aparecen las personas con el milagro del conocimiento. Dejan sentir la importancia de la palabra evocadora con intensa vibración, capaz de provocar una y otra vez la alegría, la armonía y una reacción intelectual, espiritual y de servicio en el oyente. Esto hace potenciarse a sí mismo y se da a los demás como el tesoro más admirable.

La mujer nos da un vivo ejemplo. Su servicio fue tal que la gente daba testimonio que ella era una mujer sabia por todos sus servicios a la comunidad. Esta es la razón del por qué pensamos que el conocimiento no se puede comparar. Cada persona es única y su conocimiento de la misma manera. Nuestro próximo cuento nos ayudará a comprender esta realidad.

### LOS CONOCIMIENTOS NO SE PUEDEN COMPARAR

Un hombre de un país lejano tenía una enfermedad incurable. Así le habían dicho y quería encontrar a algún hombre o mujer de algún pueblo indígena que lo curara. Leyó muchos libros y se enteró que había una comunidad donde había mujeres y hombres capaces de curar muchas enfermedades.

Al llegar a la comunidad encontró a una mujer sabia y le contó los pormenores de su enfermedad. También le contó que había visto en algunas casas plantas que le habían contado que servían para su enfermedad y que él estaba convencido que las plantas curaban.

203

---

60 Corvalán, 27.

La mujer lo miró fijamente, luego hizo una pausa de silencio y por último le dijo con convicción, "Usted, señor, no necesita ser curado". El hombre se molestó y ofendió a la mujer, pero no obtuvo otra respuesta, sino la misma. Salió gritando de rabia ese día.

Días después este hombre estaba comprando plantas medicinales. La mujer que le vendía le indicaba para qué los podría usar. Él, todavía dolido por su experiencia, comparaba esa actitud de la mujer vendedora de plantas con la mujer que no le había querido curar. Para aliviar su conciencia el hombre contó a la mujer la historia. También le dijo que se curó a sí mismo porque había usado las plantas que conocía. Por eso se curó, por sí mismo.

La mujer, al escuchar su historia, agradeció a Dios por tener a una gran sabia capaz de hacer producir sabiduría donde muchos no ven posibilidades. Al hombre no le pareció el comentario y le dijo, "Señora, ¿cómo puede ser sabia esa mujer, si no me curó? Me vio que estaba a punto de morir y no hizo nada. Al contrario, me dijo que no necesitaba curación".

Esta mujer le dijo, "Señor, no haga comparaciones, porque yo le he dado algunas indicaciones y por lo tanto usted sólo tiene una parte del conocimiento. En cambio, esa mujer le hizo descubrir por sí mismo y puede contar de lo que usted es capaz de hacer. Ella sabía que usted no moriría, tampoco se dejaría morir, pero si moriría su ignorancia.

## Deshojando el cuento

Es común confiar en los médicos que nos curarán de los dolores que nos aquejan. Las reacciones nuestras son distintas ante los resultados de los análisis. Hay una predisposición de lo que queremos escuchar. Si la respuesta no es lo que escuchamos, desconfiamos o descalificamos la labor médica.

En cualquier circunstancia de enfermedad tenemos muchas dificultades y limitaciones en seguir las reglas por la premura en curarse. En algunos casos se escucha uno y otro consejo y siempre se requiere del más avanzado, según nuestra opinión.

En las enfermedades se dan distintas experiencias. Sin embargo, los especialistas pueden decir la última palabra y pueden entrar en contradicción con las interpretaciones de los análisis. Las comparaciones las realizamos en todas las áreas. Comparamos los conocimientos de un pueblo a otro, las actitudes, las reacciones ante determinadas situaciones. Esta es una verdadera enfermedad social que no tiene cura.

En el intercambio de conocimiento no podemos esperar la respuesta que ya conocemos. Las formas de comprender la capacidad de los demás varían de un lugar a otro, de un pueblo a otro y de una circunstancia a otra. Muchos estudios realizados por antropólogos en los distintos pueblos toman un nuevo rumbo y concluyen en lo que no percibieron al inicio.[61]

Sin lugar a dudas para abrirnos al conocimiento del otro, hay que estar junto al otro, escuchar, comprender y aprender mutuamente. Hace falta matar nuestra ignorancia, para que resucite la sabiduría.

---

61 Freidel, 10. Antes de escribir esta obra estudiamos las creencias que los antiguos mayas dejaron consignadas en su arte y su arquitectura como si fueran parte de una fascinante realidad alterna que poco tenía que ver con nuestras vidas personales. Hicimos lo que se supone que deben hacer los científicos: mantener una distancia objetiva. Como la mayar parte de nuestros colegas, nos sentíamos seguros en la superioridad de nuestra propia visión del mundo. La preparación de este libro ha modificado nuestra actitud. Ahora llegamos a este mundo ajeno con respeto y admiración tenida de temor, sabiendo que la visión que de él crearon los mayas era, y sigue siendo, tan poderosa, significativa y viable como la nuestra.

# Conclusiones

s importante considerar conscientemente la realidad humana en la que estamos inmersos. Es una exigencia para todo estudioso o practicante de conocimiento deshojar su entendimiento, para valorar lo admirable en la vida y en el ser humano. A la vez debe tener claridad en lo que hace morir la vida lentamente.

La mejor manera es desentrañar en nosotros mismos y en los demás las virtudes que enriquecen los conocimientos, desde lo oral o escrita, desde lo cultural y lo religioso. Eso es posible si nos comprendemos como sujetos, capaces de decir, de pensar y de servir para que la dignidad vuelva a la humanidad.

En cada cultura hay riqueza y hay diferencias. La diversidad es un capital por explorar y hacerla producir, para ser verdaderos seres humanos. Para ello hay que superar los conflictos en tanto que sea una carrera en anular al otro. Se debe dejar de lado esa cancerosa manera de decidir quiénes son buenos y quiénes son malos, porque según los valores en todos se revela que están estas dos dimensiones y se manifiestan. Es obvio que en algunas personas hay más que otras.

Nuestro conocimiento debe ser para sustentar el desarrollo de la vida. Para eso debemos imbuirnos en la realidad humana y en la cotidianidad social, religiosa, política y económica. Lo cotidiano o nuestra práctica es espejo para vernos con nuestras potencialidades y debilidades.

Todo ser humano está llamado a reconciliarse con su pasado, para vivir este futuro que se hace en el presente. Es importante el respeto los unos con los otros y a la vez considerar importante los valores que diversifican la vida. Urge propiciar espacios para que surjan nuevos conocimientos. Para ello necesitamos revisar nuestro lenguaje, nuestros instrumentos de comunicación. Seamos hacedores de los conocimientos por más simples que sean. Si es de vida, dará vida. Para profundizar en nuestra comprensión tenemos este cuento.

### HACER DE LA VIDA UNA EXPERIENCIA IMPECABLE

Cuentan que una comunidad quería premiar a los hijos e hijas predilectas por su sabiduría y su servicio a la comunidad. Se sentaron frente a frente para compartir sus mejores ideas, las cargadas de sabiduría y las ideas que trascendieran para toda la comunidad. Fue muy ardua la tarea de seleccionar, pero lograron decidir por diez personas: cinco mujeres y cinco hombres. La presentación de toda la gente fue especial. Para algunos, toda la comunidad merecía ser seleccionada. Por el hecho de más tiempo de servicio quedaron las diez personas. La primera etapa correspondió a todo el público seleccionar a las diez personas. Para decidir por orden correlativo seleccionaron a un anciano que tomara esa responsabilidad.

La gente se reunió desde muy temprana hora para estar en el momento justo de la selección. Los comentarios eran muy divididos, porque era un trabajo enorme poder decidir de los diez quién era el primero, hasta llegar al décimo lugar. Llegaron los participantes y se sentó el anciano a escuchar y después daba su veredicto. Las risas, los comentarios al inicio, era una fiesta de la comunidad, evento jamás realizado.

El primero en tomar la palabra fue un hombre. Habló con elocuencia y al final el anciano dijo, este es el primero. La gente le gritó, "Anciano, hay que escuchar al segundo". El anciano dijo, "Que hable la segunda persona". Correspondió a una mujer. Ella habló muy elegante y convenció al público y al anciano. Al final el anciano dijo, "Sí, cierto, ella ganó". El público con más entusiasmo le dijo al anciano, "Faltan ocho por escuchar". "Bueno, que pase el siguiente". Así sucesivamente cada uno dio lo mejor de sí en conocimiento, inteligencia y sabiduría. Al final el anciano dijo, "Todos han hablado muy bien, así es que en esta oportunidad, nadie falta por hablar. Quiero que el público me ayude a decidir. ¿Alguien dijo algo que no sea importante?" El público gritó, "Nooo". Aquel anciano, al escuchar al público, declaró concluida aquella actividad. Dijo, "Los diez ganaron. Cada uno tuvo la razón, la mejor idea, la manera de decir muy bien. Felicitaciones por haber ganado. Diez veces sean reconocidos por su sabiduría".

## Deshojando el cuento

209

Para tener un verdadero encuentro de conocimientos, dar las razones del por qué hablamos, decir lo que queremos decir, es necesario usar nuestra palabra. El intercambio es un ejercicio al que estamos invitados para el aprendizaje y recreación del aprendizaje- enseñanza. No hay otra manera sino el de vernos a nosotros mismos para ver al otro[62].

Cada día llegarán nuevas alternativas. Dejarlas pasar o embarcarnos en su riel será nuestra decisión. Si potenciamos nuestra cotidianidad junto al otro, seremos seres llenos de esperanza. La convivencia será una realidad. La solidaridad no será por circunstancias, sino generadora de vida. El Creador nos ilumine para vernos hermanos y hermanas virtuosos, esto nos hará vivir en abundancia de vida.

Es una promesa del Creador.
Así sea contigo, conmigo, con todos.

---

62 Freidel, 10. Para escribir tuvimos que penetrar en nosotros mismos, a fin de hallar tanto empatía por su manera de ser como un método de comunicar esta visión del mundo a los demás. Debido a que esta manera de ser es profundamente espiritual, tuvimos que descubrir nuestros sentimientos reales acerca de la espiritualidad y la fe en la sabiduría compartida que guía la vida y la conducta cotidiana. Para escribir acerca del cosmos maya tuvimos que aceptar la significación de su realidad sobrenatural y aprender a jugar según las reglas de su propia lógica interna.

# Bibliografía

Andrade, Susana. *Protestantismo indígena. Procesos de conversión religiosa en la provincia de Chimborazo*, Quito: FLACSO, Abya-Yala, 2004.

Blázquez-Ruiz, F. Javier. *Estrategias de poder. Xenofobia, "Limpieza étnica" Insumisión.* Estella (Navarra): Verbo Divino, 1995.

Buber, Martín. *¿Qué es el hombre?* México: Fondo de Cultura Económica, 1994.

CLAI. *Etnias, culturas, teologías. Pastoral de consolación y solidaridad.* Quito: CLAI, 1996.

Conferencia del Episcopado Mexicano. *Fundamentos teológicos de la pastoral indígena en México.* México: Conferencia del Episcopado Mexicano, 1988.

Corvalán, María Eugenia. *El pensamiento indígena en Europa.* Bogotá: Planeta, 1999.

Coulon, Alain. *La etnometodología.* Colección Teorema. Madrid, 1987.

Crisanto Meléndez, Armando. *El enojo de las Sonajas. Palabra del ancestro.* Honduras: Editorial Cultura, 2002.

De la Rúa, Manuel. *Educación popular y participación.* La Habana: Caminos, Colección Educación Popular, 1998.

De Paw, Cornelius, Williams Robertson, José Pernetty y Luigi Brenna. *Europa y Amerindia. El indio americano en texto del siglo XVIII.* Quito: Abya-Yala, 1991.

De Santa Ana, Julio. *Protestantismo, cultura y sociedad. Problemas y perspectivas de la fe evangélica en América Latina.* Argentina: Nueva Imagen, 1970.

Debesse, Maurice y Mialaret Gaston. *Historia de la pedagogía I.* Barcelona: Oikos-tau, 1973.

Dewey, John. *Pedagogía y filosofía.* Traducido por J. Méndez Herrera. Madrid: Editorial Francisco Beltrán, 1930.

Duch, Lluis. Mito, *Interpretación y cultura. Aproximación a la logomítica*, 2ª edición. Traducido por Francesca Babí i Poca Domingo Cía. Lamana. Barcelona: Herder, 2002.

Dussel, Enrique D. *Desintegración de la cristiandad colonial y liberación. Perspectiva latinoamericana.* Salamanca: Sígueme, 1978.

Eco, Humberto. *Los límites de la interpretación.* 2ª edición. Barcelona: Lumen, 1998.

Escolano, Agustín. *Epistemología y Educación*, Salamanca: Sígueme, 1978.

Espeja, Jesús. *El evangelio en nuevas culturas.* Estella (Navarro): Verbo Divino, 1992.

Ficher, Georg. *Guía espiritual del Antiguo Testamento, el libro de Jeremías.* Dirigido por Gianfranco Ravasi. Barcelona: Herder, 1996.

Fornet-Betancourt, Raúl. *Hacia una filosofía intercultural latinoamericana.* San José: DEI, 1994.

Foulquié, Paul, editor. *Diccionario del lenguaje filosófico.* Barcelona: Labor, 1967.

Freidel, Daniel, Linda Schele y Joy Parker. *El cosmos maya. Tres mil años por la senda de los chamanes.* México, D.F. Fondo de Cultura Económica, 2001.

Freire, Paulo. *¿Extensión o comunicación? La concientización en el medio rural,* 7ª edición. México, D.F.: Siglo XXI, 1978.

Freire, Paulo. *Pedagogía del oprimido.* Traducido por Jorge Mellado. México, D.F.: Siglo XXI, 1970.

Fromm, Erich. *¿Tener o ser?* 16ª edición. México, D.F.: Fondo de Cultura Económica, 2002.

Garr, Thomas M. *Cristianismo y religión quechua. En la Prelatura de Ayaviri.* Cusco: Instituto de Pastoral Andina, 1972.

Geertz, Clifford. *La interpretación de las culturas.* Barcelona: Gedisa, 1993.

Gesché, Adolph. *Dios para pensar II Dios - el cosmos.* Salamanca: Verdad e Imagen, 1997.

_____. *El sentido.* Salamanca: Sígueme, 2004.

Gomes Moreira, José Aparicio. *Conquista y conciencia cristiana. El pensamiento indígena y jurídico teológico de Don Vasco de Quiroga.* Colección 28, 500 años. Quito: Abya-Yala, 1990.

Gómez Hinojosa, José Francisco. *Intelectuales y pueblo. Un acercamiento a la luz de Antonio Gramci.* San José: DEI, 1989.

Gómez Robledo, Antonio. *Platón. Seis grandes temas de su filosofía.* México, D.F.: Fondo de Cultura Económica, 1986.

Gómez, Ana Margarita, Herrera Mena y Alfredo Sajid. *Los rostros de la violencia.* San Salvador: UCA Editores, 2007.

Guerrero Casar, Fernando y Pablo Ospina Peralta. *El poder de la comunidad. Ajuste estructural y movimiento indígena en los andes ecuatorianos.* Buenos Aires: CLACSO-ASDI, 2003.

Gutiérrez, Francisco. *Pedagogía de la comunicación en la educación popular.* Madrid: Popular, 1993.

Gutiérrez, Tomás. *Protestantismo y cultura en América latina. Aportes y proyecciones.* Quito: CLAI y CEHILA, 1994.

Habermas, Jürgen. *Conciencia moral y acción comunicativa.* 3ª edición. Barcelona: Peninsulares, 1994.

Hall, Edgard T., *El lenguaje silencioso.* Traducido por Cristiana Córdoba. México: Patria, 1990.

Hegel, G.W.F. *Lecciones sobre la filosofía de la historia universal.* Madrid: Alianza, 1974.

Hessen, J. *Teoría del conocimiento.* 10ª edición. Madrid: Espasa-Calpe, 1966.

Irarrázaval, Diego. *Inculturación. Amanecer eclesial en América Latina.* Lima: Centro de Estudios y Publicaciones (CEP), 1998.

Lehmann, Henri. *Las culturas precolombinas.* Buenos Aires: Editorial Universitaria de Buenos Aires, 1987.

Leperlier, Guy. *La comunicación pedagógica. Técnicas de expresión para el desarrollo.* Bilbao: Mensajero, 1994.

Levinas, Emmanuel. *El tiempo y el otro.* Barcelona: Paidós, ICE, UAB, 1993.

Llanque Chana, Domingo. *La cultura aymara. Destrucción o afirmación de identidad.* Lima: IDEA, TAREA, 1990.

López Quintás, Alfonso. *El conocimiento de los valores*, 3ª edición. Estella, Navarra: Verbo Divino, 1999.

Luque, Elisa. *La evangelización en América y sus retos. Respuestas de los protagonistas.* San José: Promesa, 2002.

Maldonado, Luis. *Introducción a la religiosidad popular.* Presencia Teológica 21. Santander: Sal Terrae, 1985.

Malinowski, Bronislaw. *Magia, ciencia y religión. Obras maestras del pensamiento contemporáneo.* Barcelona: Planeta De Agostini, 1993.

Marcuse, H., K. Popper y M. Horkheimer. *A la búsqueda del sentido.* Salamanca: Sígueme, 1998.

Mardones, José María. *La vida del símbolo. La dimensión simbólica de la religión.* Presencia Teológica. Bilbao: Sal Térrea, 2003.

Margery Peña, Enrique. *Estudios de mitología comparada indoamericana.* San José: Universidad de Costa Rica, 2003.

Meléndez, Crisanto Armando. *El enojo de las sonojas. Palabras del ancestro.* Tegucigalpa: Editorial Cultura, 2002.

Mires, Fernando. *El discurso de la Indianidad. La cuestión indígena en América Latina.* San José: Editorial DEI, 1991.

Mogol, Eugene. *El concepto del otro en la liberación latinoamericana.* Bogotá: Desde Abajo, 2004.

Nabel Pérez, Blas. *Las culturas que encontró Colón*, Colección Abya-Yala 52. Cayambé: Abya-Yala, 1992.

Nazarea, Virginia D. y Rafael Guitarra. *Cuentos de la creación y resistencia*. Quito: Abya-Yala. 2004.

Nerburn, Kent. *Neither Wolf nor Dog. On Forgotten Roads with an Indian Elder.* San Francisco: New World Library, 1994.

Nugent, José Guillermo. *El conflicto de las sensibilidades. Propuesta para una interpretación y crítica del siglo XX peruano.* Lima: Instituto Bartolomé de las Casas-Rimac, 1991.

Panikkar, Raimon. *La intuición cosmoteándrica. Las tres dimensiones de la realidad.* Valladolid: Trotta, 1999.

_____*De la mística. Experiencia plena de la vida.* Barcelona: Herder, 2005.

_____ *La nueva inocencia.* Estella, Navarro: Verbo Divino, 1993.

Piaget, Jean. *Psicología y pedagogía.* México: Ariel, 1993.

*Pop Vuj*, 34. Cortesía de Nueva Acrópolis *www.nueva-acropolis.es*

Popper, R. Karl. *El desarrollo del conocimiento científico. Conjeturas y refutaciones.* Buenos Aires: Paidos, 1965.

Raths, Louis E. y Selma Wassermann. *Como enseñar a pensar. Teoría y aplicación.* México, D.F.: Paidós, 1992.

Ribeiro, Dancy. *Los pueblos nuevos. Las Américas y la civilización 2.* Cuadernos Latinoamericanos. Traducido por Renzo Pi Hugarte. Buenos Aires: Centro Editor de América Latina, 1969.

Ricoeur, Paul. *Caminos del reconocimiento.* Traducido por Agustín Neira. Madrid: Trotta, 2005.

Rousseau, J.J. *Discurso sobre el origen de las desigualdades.* Barcelona: Alba, 1999.

Séjourné, Laurette. *Antiguas culturas precolombinas.* La Habana: Editorial de Ciencias Sociales, 1974.

Universidad de Costa Rica. *Comunicación y lenguaje.* Segunda edición revisada y ampliada. Cátedra de Castellano, Escuela de Estudios Generales. San José: UCR, 1980.

Varios. *1492-1992 La interminable conquista. Emancipación e Identidad de América Latina 1492-1992. Ensayos, diálogos. Poemas y cantares* . San José: DEI, 1991.

Vidales, Raúl. *Utopía y liberación. El amanecer del indio.* San José: DEI, 1991.

Wilson, Richard. *Resurgimiento maya en Guatemala (Experiencias Q'qchi'es).* Guatemala: Cirma, 1999.

Wright Mills, C. *La imaginación sociológica.* 3ª edición en español. México, D.F.: Fondo de Cultura Económica, 1969.

_____. *La cosmovisión cosmoteándrica. Las tres dimensiones de la realidad.* Valladolid: Trotta, 1999.

_____. *De la mística. Experiencia plena de la vida.* Barcelona: Herder, 2005.

Zea, Leopoldo. *Filosofía de la historia americana.* México, D.F.: Fondo de Cultura Económica, 1978.

**Revistas:**

*Antrophos Venezuela* 48/49 (enero-diciembre 2004). Venezuela: Instituto Universitario Salesiano Padre Ojeda.

*"Utopía y Praxis Latinoamericana"*, *Revista Internacional de Filosofía Iberoamericano y Teoría Social* 48 (enero- marzo 2010). Facultad de Ciencias Económicas y Sociales, Universidad de Zulia, Venezuela.

## Libros de referencia:

Biblia de Jerusalén, edición española. Traducción bajo la dirección de José Ángel Urrieta López. Bilbao: Descleé de Brouwer, 1998.

*Diccionario de la lengua española*. Vigésima segunda edición. Madrid: RAE, 2001.

## Otras fuentes:

Notas de los aportes de los estudiantes de teología de las culturas quechua y huanca, en el taller realizado en Huancayo, Perú, año 2005.

Cf. Fragmento del cuento de José María Arguedas.

## Imágenes:

Pág. 21:
http://globedia.com/imagenes/noticias/2013/4/10/viernes-inicia-cosecha-maiz-amarillo_1_1646838.jpg

Pág. 85:
http://cdn.globovision.com/media/indigenasmayas.jpg

Pág. 137:
http://www.correodelorinoco.gob.ve/wp-content/uploads/2010/02/Indigena-Wayuu.jpg

www.ingramcontent.com/pod-product-compliance
Lightning Source LLC
Chambersburg PA
CBHW050115280326
41933CB00010B/1108